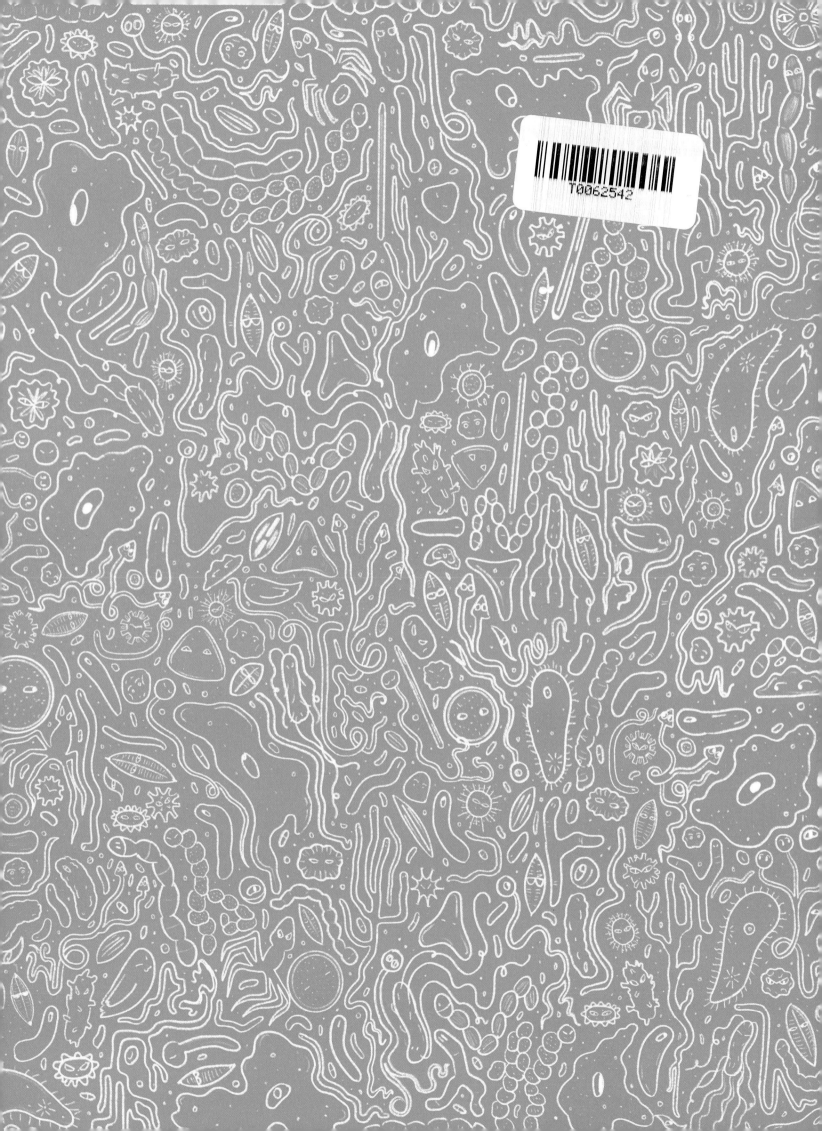

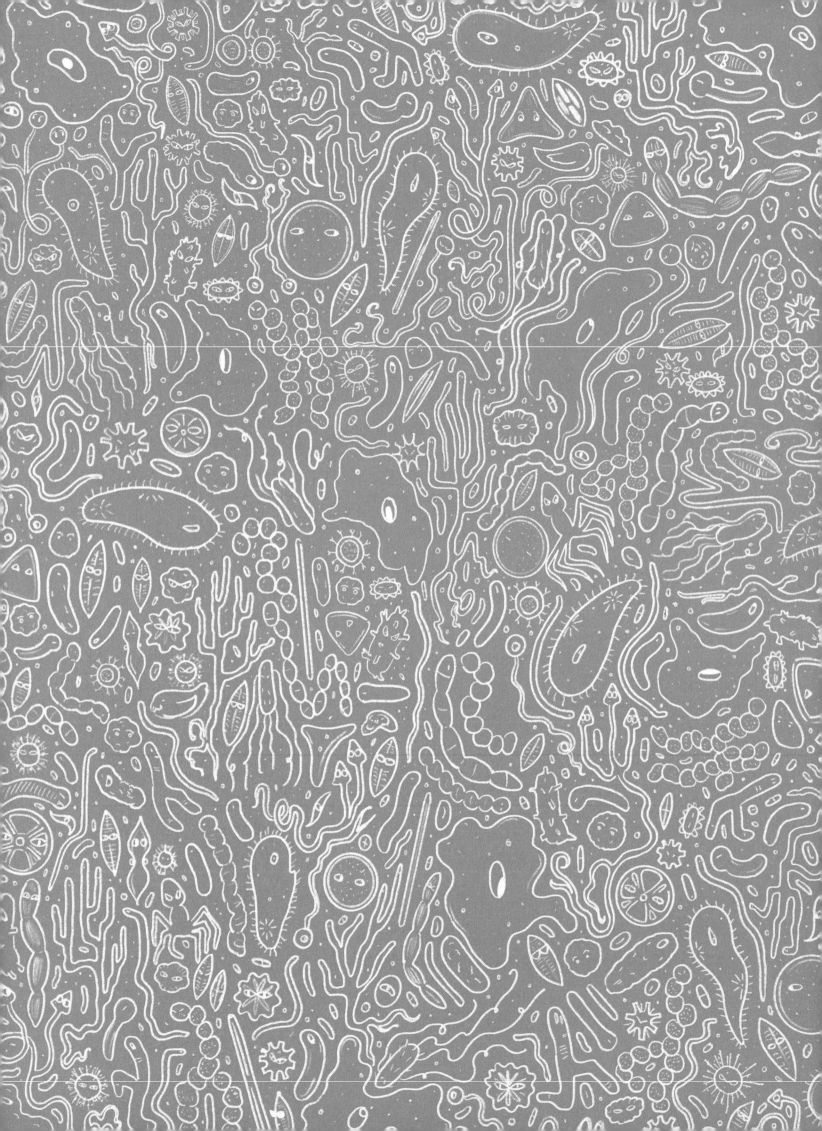

GUERRAS DE MICROBIOS

¿Oíste el chiste ese del bicho?

Sí, pero no lo cuentes, porque se pega.

OCEANO travesía

Este libro está dedicado a todos los científicos —desde los técnicos de laboratorio hasta los académicos— que trabajan para profundizar nuestro conocimiento de los microbios, para ayudarnos a ganar estas Guerras de microbios
— GA

Para Alex, mi mikrobio *favorito*
— MM

GUERRAS DE MICROBIOS

Título original: *Microbe Wars*

© 2021 Gill Arbuthnott (texto)
© 2021 Marianna Madriz (ilustraciones)
© 2021 Templar Books

Diseñado por Nathalie Eyraud
Editado por Katie Haworth y Samuel Fern
Producido por Neil Randles

Este libro fue compuesto con las tipografías Brandon Grotesque y Handrwriter bold.
Las ilustraciones fueron realizadas digitalmente

Publicado originalmente en Reino Unido en 2021 por Templar Books, un sello de Bonnier Books UK

Traducción: Juana Inés Dehesa

D.R. © Editorial Océano, S.L.
Milanesat 21-23, Edificio Océano
08017 Barcelona, España
www.oceano.com

D.R. © Editorial Océano de México, S.A. de C.V.
Guillermo Barroso 17-5, col. Industrial Las Armas
Tlalnepantla de Baz, 54080, Estado de México
www.oceano.mx
www.oceanotravesia.mx

Primera edición: 2023

ISBN: 978-607-557-650-3

IMPRESO EN CHINA/*PRINTED IN CHINA*

GUERRAS DE MICROBIOS

Texto de Gill Arbuthnott

Ilustraciones de Marianna Madriz

OCEANO Travesía

UNA NOTA DE GILL

Amo a los microbios. Me fascinan desde que los conocí estudiando Biología en la universidad,
y cuando daba clases disfrutaba muchísimo transmitiendo mi conocimiento a cientos de alumnos,
muchos de los cuales se fascinaron a su vez.

Estoy segura de que, en la actualidad, hay mucha más gente que se interesa por los microbios que antes,
pero este libro no se escribió como una respuesta a la pandemia de COVID-19. Si al terminar esta lectura piensas
que los microbios son sólo gérmenes horribles que nada más te enferman, será una señal de que no hice bien
mi trabajo; la gran mayoría no nos hacen daño, y muchos son incluso útiles, si no es que vitales, para nosotros.
Pero este libro no sólo es sobre ellos, es también sobre los científicos y doctores que descubrieron cuán importantes
son, y que desarrollaron desinfectantes, antibióticos y vacunas para ayudarnos a pelear en la *Guerras de microbios*.
Espero que, al terminar la lectura de este libro, ¡tú seas también su fan!

UNA NOTA DE MARIANNA

Ilustrar un libro sobre microbios en mitad de una pandemia fue una experiencia
muy particular. Los coloridos textos de Gill y sus personajes, siempre llenos de
curiosidad, me plantearon muchos retos muy interesantes, y hubo más de un
momento en que me reí a carcajadas, cosa que agradecí especialmente durante
algunos lapsos muy oscuros.

Me divertí muchísimo dotando a estos héroes, villanos, humanos y microbios
de energía y personalidades inspiradas por muchas de las caricaturas que me
encantaba ver después de la escuela. Espero que logren atrapar tu atención,
transportarte del todo a sus universos, y hacerte pasar un buen rato.

ÍNDICE

EL MUNDO INVISIBLE

Existe un mundo entero de microbios, tan chiquititos, que no podemos verlos. Y viven no sólo alrededor...

¡también dentro y encima de nosotros!

Probablemente conozcas algunas de las enfermedades más mortíferas de la historia, ¿pero sabes qué las causaba? ¿Qué provocaban? ¿A dónde se fueron?

La peste negra acabó con 30% de la población europea, pero ¿realmente la ocasionaron las ratas o simplemente se les hizo mala fama? ¿Por qué el COVID-19 causó ese caos a nivel mundial? ¿Estamos frente al fin de los antibióticos, y cómo pueden salvarnos los ualabíes?

No todos los **microbios** hacen daño. De hecho, muchos son benéficos. Pueden fabricar cerveza, vino, comida deliciosa o medicinas que nos salvan la vida, o trabajar noche y día en lo más profundo de nuestro intestino para mantenernos sanos.

Probablemente todavía no sepas lo que es un **microbioma**, pero te va a sorprender conocer ese mundo que protegías sin saber siquiera que existía, así como a los trillones de vidas que dependen de ti.

Desde la aparición de la vida, nuestro planeta ha sido el campo de batalla de las *Guerras de microbios*, ya sean humanos contra microbios, microbios contra microbios, o humanos luchando unos contra otros *con* microbios. ¡Ahora es tu turno de participar!

MARAVILLAS MICROSCÓPICAS

**Nadie sabía que existían estos organismos chiquititos,
hasta que se inventó el microscopio...**

PRIMER CONTACTO

La primera persona que vio a los microbios fue el holandés **Antoni van Leeuwenhoek**, que vivió entre 1632 y 1723.

En esa época, la mayoría de las lentes de microscopio sólo podían hacer que algo se viera 20 o 30 veces más grande, pero la lente de Leeuwenhoek aumentaba ¡260 veces!

Y se maravilló cuando pudo ver lo que él llamó "animálculos" nadando frenéticamente en una gota de agua de estanque...

¿QUÉ TAN CHICO ES LO CHIQUITITO?

Existen cuatro grupos de microbios: **protista, hongos, virus** y **bacterias**, y todos son de distintos tamaños. Pero ¿qué quiere decir eso exactamente? Digamos que si el protista fuera del tamaño de un elefante, la bacteria sería del tamaño de un conejo, y el virus como un ratón.

Solemos medir las cosas en centímetros o milímetros, pero los protistas y las bacterias son tan pequeños que los medimos en micras. En un milímetro hay mil micras, y la mayoría de las bacterias miden apenas unas pocas micras de largo.

Pero eso no es nada en comparación con los virus; los virus son tan pequeños, que tienen que medirse en nanómetros. Imagínate: si mil nanómetros forman 1 micra, hay un millón de nanómetros en un milímetro, ¡y algunos virus sólo miden 20 nanómetros de ancho!

¿Todavía te sorprende no poder verlos? Bueno, ahora que sabemos a dónde voltear, es hora de decir "¡Hola!, ¿qué tal?".

CON USTEDES: ¡LOS MICROBIOS!

Existen, más o menos, un millón de millones (1 000 000 000 000) de especies de microbios, muchas de las cuales nos son todavía desconocidas. Sin embargo, el hecho de que sean tan pequeñas no significa que sean iguales: una célula de levadura, por ejemplo, tiene más en común con un humano que con una bacteria. ¡Larga vida a los protistas y los hongos!

PROTISTAS

Los protistas se encuentran en el agua marina, la tierra y el agua dulce. Los **protozoarios** son como animales chiquititos, mientras que las **algas** se parecen más a las plantas. Si observas una gota de agua de un estanque en el microscopio, verás montones de protozoarios navegando por ahí. Aunque todos tienen una sola célula, son muy distintos entre sí.

Soy Paramecio y también soy un protozoario. Viajo a través del agua dando vueltas, porque los pelitos de mi cuerpo funcionan como remos pequeñísimos. ¡Menos mal que no soy dado a los mareos!

Yo soy un protozoario y me llamo **Amiba**. Parezco un huevo frito y me deslizo por los estanques cambiando de forma.

Llámame Navícula. Mis amigos y yo fabricamos montones del oxígeno que respiras. Somos muy muy importantes.

LAS DIATOMEAS SUBMARINAS

Las diatomeas son algas unicelulares que fabrican su propia comida usando energía solar para convertir el agua y el bióxido de carbono en glucosa (o sea, azúcar). ¡Eso es la **fotosíntesis**!

Están protegidas por preciosas hojuelas de sílice transparente, que pueden durar millones de años bajo el agua.

Las hojuelas de diatomeas se usan en productos como pasta de dientes, jabones y limpiadores para la piel, filtros para albercas e insecticidas. Las diatomeas vivas producen al menos el 20% del oxígeno que respiramos.

HONGOS

No todos los hongos son microbios —no necesitas un microscopio para encontrar los champiñones en el supermercado—, pero muchos son unicelulares y microscópicos.

Los hongos se alimentan liberando un líquido que deshace las células de los **organismos** cercanos en sustancias simples, como azúcares y aminoácidos, que utilizan para crear nuevas células. Esto es muy útil si, por ejemplo, quieres que algo muerto, al contacto con los hongos, empiece un proceso de descomposición —como una montaña de composta—, pero no siempre es así: a muchos hongos les encanta tu comida (como al tizón de la papa) o hasta tus pies (como al pie de atleta).

¡Hola! Soy *Fusarium venenatum*. Sé que no soy muy atractivo, pero estoy muy sabroso. Conmigo fabrican una proteína que sustituye a la carne.

Soy el moho del pan; ¡las panaderías me detestan!

¿De verdad?

¡No hay hogaza que se me resista!

¡Integral o blanco, nos da igual!

Pobre de mí, ¡tengo la plaga!

Jejeje. Soy *Phytophthora*, el hongo del tizón de la papa. Tú las cocerás al horno o las harás fritas, pero sólo yo puedo PUDRIRLAS.

EL GIGANTE ENTRE NOSOTROS

Si bien la mayoría de los hongos son pequeñitos, existe uno que puede que sea el organismo más grande de la Tierra. Se trata de un hongo de la miel, apodado el "*humongous fungus*" (hongo gigantiquísimo) que vive en Oregón, Estados Unidos, y mide unos 3.8 kilómetros de extensión, casi todo bajo tierra.

No creíste que esos eran todos, ¿o sí? ¡La función debe continuar! Aquí te presentamos a las verdaderas estrellas; probablemente habrás oído hablar de algunas, o las habrás visto en la televisión, pero ten por seguro que no a *todas* querrías verlas actuando en vivo...

BACTERIAS

Las bacterias tienen como escenario el mundo entero: estos organismos unicelulares se encuentran en casi todos lados, ¡incluyendo tu piel y tus intestinos! De hecho, tu cuerpo tiene casi la misma cantidad de bacterias que de células, así que ¿quién crees que mande aquí? Algunas bacterias fabrican su propio alimento, mientras otras lo buscan, al igual que los hongos. Por suerte, la mayoría de ellas son inofensivas o súper útiles; pero otras viven como parásitos en otros seres vivos, y pueden causar enfermedades como inflamación de garganta o intoxicación por alimentos.

¿A quién no le gustan los villanos? ¡Pues yo soy el peor de todos! ¡Soy *Clostridium botulinum* y podría acabar con el mundo! Aunque probablemente no lo haga.

¡Un remedio muy a la mano! Soy *Bifidobacterium* y soy un héroe; vivo en tu panza y combato a invasores como el *Clostridium*. ¡PAF! ¡ZAS!

HIYAH!

¿HÉROE O VILLANO?

La bacteria *Clostridium botulinum* vive en la tierra, pero de vez en cuando se mete a las latas de comida dañadas. Esta bacteria fabrica la sustancia más tóxica de cualquier ser vivo, la **toxina** botulínica; menos de 100 gramos podrían matar a todos en el mundo, ¡y las personas se la inyectan en la cara! Cuando se diluye mucho, se llama Botox y sirve para alisar las arrugas de la piel, además de ayudar a pacientes con dolor crónico.

VIRUS

Los virus no están vivos. Ni siquiera son células. Sólo son pedazos de **ADN** o **ARN** con instrucciones para fabricar... —¡lo adivinaste!— más virus, todos envueltos en proteínas o, a veces, en grasa. Ellos toman por asalto las células, entran en ellas y hacen que produzcan más virus, lo cual las daña y esto provoca enfermedades como la influenza o el COVID-19.

¡Los virus atacan a todos los seres vivos, incluyendo las bacterias!

Soy la influenza aviar, el virus de la gripe de los pájaros, y siempre estoy esperando para entrar a escena. Es posible transmitirme fácilmente de un pájaro a otro, pero todavía no soy muy buena para infectar a los humanos, aunque los científicos no me quitan el ojo de encima. ¡Me encanta tener público!

¡Espero que tiren esto después de la función!

Soy *Potyvirus*, el virus rompe-tulipanes. Puedo hacerles mucho daño, pero también genero flores con increíbles líneas de color.

LA AMENAZA INVISIBLE

Aunque la existencia de los virus se conocía desde 1898, son tan pequeños que no pueden verse con un microscopio tradicional —pues sólo iluminan los objetos a través de sus lentes. Tuvo que inventarse el microscopio electrónico, en la década de 1930, para que los científicos pudieran ver un virus por primera vez.

LA PESTE NEGRA

Probablemente has oído hablar de la peste, una de las enfermedades más aterradoras de la historia humana, pero ¿te sabes el cuento completo?

Anillo de rosas, ramos en las bolsas, ¡achú, achú! ¡Y todos a caer!

¡Por fin nos estábamos habituando a la vida en Londres, y viene un panadero entusiasta con su horno y nos mata a todos!

¡Casi lo vale, con tal de verlos a todos tan miserables!

En 1347 llegaron a Sicilia una serie de barcos mercantes cuyos tripulantes estaban muertos o moribundos. Esos "barcos de la muerte" llevaron de Asia a Europa la Muerte Negra (también llamada la peste), que mató entre un cuarto y un tercio de la población europea antes de 1770.

Seguramente no sabes que al cantar "Anillo de rosas" estás cantando sobre eso: el "anillo de rosas" (en inglés, *"ring o' roses"* o "cadena de rosas") era un tipo de salpullido, que junto con el "¡achú, achú!" de los estornudos constituían los primeros síntomas. Los "ramos en las bolsas" eran porque la gente pensaba que oler un manojo de flores o hierbas iba a protegerlos (aunque se equivocaban).

¡ARDE LONDRES!

El gran incendio de Londres en 1665 comenzó en una panadería en la calle Pudding Lane, en la mitad de un **brote** de peste que había matado a uno de cada siete londinenses. Las llamas destruyeron la mayor parte de la ciudad, pero también acabaron con una cantidad suficiente de microbios como para terminar con la ola de contagios.

SIGNOS Y SÍNTOMAS

La enfermedad a menudo comenzaba con el salpullido y los estornudos, y después brotaban bultos dolorosos en las axilas y la entrepierna, llamados **bubas**, y manchas violáceas por toda la piel. Los bultos, que estaban llenos de bacterias, se ponían negros (de ahí el nombre) y, si se reventaban, estabas frito...

Viajamos con las personas adondequiera que fuesen, y si no podían vernos, ¡no podían detenernos!

> ¡Ésta es la ira de Dios! Has pecado demasiado y rezado muy poco.

OLORES, HECHIZOS Y ESPECULACIÓN

En la Europa medieval, nadie sabía de la existencia de los microbios, por lo que cuando eran golpeados por una enfermedad sin razón aparente, buscaban respuestas en la religión y la superstición. Aquí hay algunas teorías de la época...

> Soy un hombre bueno, por lo que no me va a pasar nada. Para asegurarme, donaré esta imagen de san Sebastián a la iglesia.

> Dicen en Londres que usar zafiros o ámbar previene la enfermedad. ¡Los ricos siempre tienen la razón!

> Mis amigos dicen que la causan las brujas, así que vamos a quemar la casa de la vieja Ogg para parar sus malas acciones. Nunca me agradó.

> He oído que la causa el mal olor, por eso huelo este ramo de hierbas aromáticas, para que me proteja.

PERO ¿CUÁL FUE REALMENTE LA CAUSA?

Ni siquiera hoy estamos completamente seguros. La teoría más aceptada dice que fue causada por unas bacterias dentro de pulgas que vivían en ratas. Todavía hoy existe, y causa una enfermedad que se llama peste bubónica, pero puede tratarse con **antibióticos**.

Otros científicos piensan que la peste negra fue causada por un virus que murió completamente al extinguirse la peste en el siglo XVIII. Si un virus mata casi todo lo que infecta, no tiene dónde reproducirse y desaparece.

> Ponte esto alrededor del cuello. Es polvo de sapo, mezclado con vómito de sapo. Hazme caso.

> ¡Qué tontos que son!, ¡la culpa la tienen las pulgas!

> ¡No somos nosotras, son las bacterias! Tienes que estudiar algo de ciencia.

> ¡PLAGA!
> NO ENTRAR

LA CIUDAD DE LA PESTE

En septiembre de 1665, llegó al pueblo de Eyam, en Inglaterra, un cargamento de tela infestado de pulgas. Las pulgas comenzaron a picar a las personas y éstas murieron de peste.

De alguna forma, el clérigo del pueblo, William Mompesson, convenció a la mayoría de los habitantes de que se encerraran e hicieran cuarentena, de manera que la peste no se propagara a ciudades cercanas. Nadie entraba ni salía de Eyam. Para noviembre de 1666, cuando terminó el brote, habían muerto 260 habitantes de unos 800, pero su sacrificio salvó a cientos de personas.

ENFERMEDADES QUE SACUDIERON AL MUNDO

La peste negra hace mucho que no existe, pero no es la única enfermedad que nos ha metido en problemas a lo largo de la historia. Conozcamos a tres de las peores...

VIRUELA: MANCHAS Y CICATRICES

Jamás en tu vida has conocido a un sobreviviente de viruela, porque se trata de la única enfermedad que los humanos hemos logrado erradicar completamente.

Alégrate de que ya no exista; si te daba, te salían un montón de manchas y te daba fiebre, mataba a tres de cada diez personas que la contraían y si la sobrevivías quedabas lleno de cicatrices y marcas.

En Europa, en los siglos XVII y XVIII, estaba muy de moda cubrirse las cicatrices de la cara con parches, de terciopelo negro si eras rico, o de piel de ratón si eras pobre.

La viruela, además, se contagiaba muy fácilmente; cuando los europeos invadieron América, la trajeron con ellos, y es posible que haya devastado los imperios azteca e inca.

(Averigua cómo acabamos con la viruela en la p. 28.)

¡Umm! ¡Gracias por pintar las cicatrices!

¡Cambié la cara de la historia!

CARAS FAMOSAS DE LA VIRUELA

Los científicos hallaron evidencia de viruela en mi cuerpo momificado.

Me maquillaba con plomo blanco para cubrir las cicatrices.

La viruela me atacó justo después de mi discurso más famoso, el discurso de Gettysburg.

FARAÓN RAMSÉS V

REINA ISABEL I

ABRAHAM LINCOLN

LA INFLUENZA ESPAÑOLA: UNA GUERRA ENTRE DOS GUERRAS

Por lo general, la influenza te hace sentir muy mal, pero no te mata; sin embargo, la influenza española fue distinta: apareció por todo el mundo en 1918, hacia el final de la Primera Guerra Mundial. No se sabe muy bien dónde se originó pero, a pesar de su nombre, estamos casi seguros de que no fue en España. La gran mayoría de los tipos de influenza aparecen primero en animales y luego infectan a los humanos.

Maté 50 millones de personas en 18 meses, más de los que murieron en la Primera Guerra Mundial.

Los virus de influenza más peligrosos viven en pájaros como los patos. ¡No somos tan inofensivos como parecemos!

Los cerdos podemos contagiarnos de influenza aviar, y servimos como laboratorio para que cambie lo suficiente y sea capaz de contagiar humanos. Es posible que hayamos causado el brote de influenza española.

Quienes más morían eran personas jóvenes y sanas, lo cual era todavía peor. Se cree que provocaba una reacción exagerada en el sistema inmune (p. 30), que hacía que el cuerpo atacara a sus propios órganos.

El famoso animador Walt Disney se contagió de influenza española a los 16 años.

¡El mundo ya nunca verá mi obra! El nombre "Walt Disney" será olvidado...

¡Por suerte, se recuperó!

MALARIA: LA ENFERMEDAD DE LOS MOSQUITOS

La malaria es causada por un protista en la saliva de los mosquitos. Cuando un mosquito infectado pica a alguien, le transmite el protista infeccioso.

La malaria era muy común en el antiguo Egipto y el Imperio Romano, y permaneció en Europa y Norteamérica hasta mediados del siglo XX. En la antigua China la trataban con ajenjo, y en Perú, con la corteza del árbol de la quina, y hasta nuestros días se utilizan medicamentos derivados de estas plantas.

Actualmente sólo encontramos malaria en áreas tropicales, pero todavía en 2018 seguía habiendo 228 millones de casos y 405 mil muertes en todo el mundo. La mejor forma de prevenirla es usando mosquiteros y repelentes, para que los mosquitos no lleguen siquiera a picarte.

Los mosquitos hembra picamos para obtener proteínas de la sangre para nuestros huevos; los machos, en cambio, no pican, sólo comen néctar.

Malum insectum!

¡Oh! ¡Un romano sabroso! ¡Mis bebés protistas podrán aprender latín!

Durante la Primera Guerra Mundial, un general francés en Macedonia respondió de la siguiente manera a la orden que recibió de atacar:

URGENTE

Me apena informar que mi ejército está en el hospital con malaria.

COVID-19

En 2019, nadie había oído hablar del COVID-19, pero para 2020 ya había trastornado al mundo entero y aún seguimos lidiando con sus efectos. Si bien no es tan contagioso como la viruela o tan mortífero como la peste negra, y, aunque los científicos han trabajado muchísimo para controlarlo, mucha gente ha perdido a un ser querido a causa de esta enfermedad.

¿QUÉ ES?

COVID-19 es la enfermedad causada por un virus que los científicos han llamado SARS-CoV-2. Pertenece al grupo de los **coronavirus**, por los picos que sobresalen de su superficie, similares a las puntas de una corona.

Hay muchos coronavirus distintos, cada uno con su propio nombre científico; algunos causan enfermedades leves como el resfriado común, pero otros, como COVID-19, SARS y MERS, son mucho más graves.

¿CÓMO SE PROPAGÓ?

El COVID-19 se propagó rápidamente alrededor del mundo, en buena medida a través de viajes aéreos. Se piensa que el virus cambió dentro del organismo de varios murciélagos, una especie que alberga muchos tipos de coronavirus, y que este cambio permitió que se infectaran los humanos (y otros mamíferos), pero es posible que nunca sepamos la historia completa.

¿CÓMO AFECTA A LAS PERSONAS?

Los síntomas más comunes son tos, fiebre y cambios en el sentido del gusto o del olfato. Otros síntomas pueden ser dolores de cabeza y musculares, cansancio, dolor de garganta y malestar estomacal. Puede afectar gravemente la capacidad para respirar, y hacer que el enfermo requiera la ayuda de un respirador.

No estamos seguros de por qué los síntomas varían tanto o la razón por la que algunas personas ni siquiera se percatan cuando se contagian, lo que dificulta su vigilancia. Hay quienes se recuperan en días, otros tardan meses y pueden terminar hospitalizados, y a algunos les ha costado la vida.

¿QUÉ ESTAMOS HACIENDO AL RESPECTO?

Los investigadores desarrollaron **vacunas** para el COVID-19 en un tiempo récord, pero éstas tuvieron que pasar las mismas pruebas y estudios de seguridad que cualquier otra vacuna.

En enero de 2020, en cuanto se enteraron del brote, dos científicos turcos en Alemania, Uğur Şahin y Özlem Türeci, comenzaron la búsqueda de una vacuna en su compañía BioNTech. Un equipo de la universidad de Oxford, encabezado por la profesora Sarah Gilbert, también lo intentó, como hicieron muchos otros. Puesto que necesitaban instalaciones suficientes para fabricar grandes cantidades en cuanto fuera posible, BioNTech se alió con la farmacéutica Pfizer, y Oxford con el laboratorio AstraZeneca. Durante todo el año siguiente, se crearon muchas fórmulas que fracasaron, pero en diciembre de 2020 se aprobó la vacuna Pfizer-BioNTech, y poco después la de Oxford-AstraZeneca. Desde entonces se han aprobado muchas más.

Hoy en día, también existen anticuerpos monoclonales, que son proteínas cultivadas en laboratorios y se utilizan para tratar a los pacientes con COVID-19.

¿CÓMO PODEMOS PROTEGERNOS UNOS A OTROS?

Algunos de los métodos que hemos usado para combatir el COVID-19 tienen siglos de existencia: "quedarse en casa" es otra forma de decir **cuarentena**, y lo que implica hacer "seguimiento de contactos" es determinar quiénes han estado cerca para saber cómo puede propagarse la enfermedad. Por otro lado, el distanciamiento social implica quedarse lo suficientemente lejos del resto de las personas para que el virus no pueda viajar de uno a otro a través de las toses o estornudos; mientras que el lavado de manos, las mascarillas y otros tipos de equipos de protección personal ayudan a prevenir infecciones, pues impiden que el virus entre a tu cuerpo o salga de él.

¿QUÉ NOS DEPARA EL FUTURO?

Los virus cambian a través del tiempo, y suelen volverse más contagiosos y menos peligrosos. Es posible que el COVID-19 no desaparezca, pero si hay suficientes personas inmunes, es mucho más difícil para el virus propagarse. Si controlamos el contagio, deberíamos tener suficiente tiempo para ajustar las vacunas conforme el virus vaya **mutando** hacia versiones ligeramente distintas.

Deberíamos tener más medicamentos para tratar sus efectos y que sea muy raro que la gente muera por ello. Más allá del COVID-19, habremos adquirido mucha más conciencia de cómo se propagan los virus y cómo pueden ayudar precauciones básicas como el lavado de manos. De hecho, gracias a las medidas que se han tomado para el COVID-19, hemos visto una disminución en el número de **infecciones** por influenza. Tal vez, como ya sucede en varios países asiáticos, se volverá común que las personas con enfermedades leves se acostumbren a usar mascarillas, pero en general la vida volverá a la normalidad, a pesar de que el COVID-19 seguirá entre nosotros.

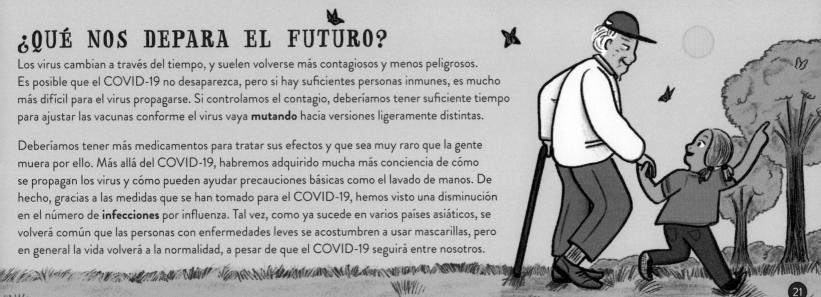

PREVENIR PANDEMIAS

En los últimos cien años, ha habido brotes de enfermedades nuevas que podrían haberse convertido en pandemias, causando grandes pérdidas humanas. Sin embargo, pocas han dado el salto de epidemias a pandemias; ¿por qué habrá sido?, ¿cómo logramos controlarlas?

FACTORES PANDÉMICOS

Para clasificar a una pandemia, los científicos toman en cuenta con qué facilidad se propaga la enfermedad, cuánto tiempo pasa antes de que los síntomas sean visibles en alguien que puede contagiar, si se pueden desarrollar vacunas y tratamientos, y la tasa de mortalidad, es decir, el porcentaje de personas infectadas que pierden la vida.

Puedo viajar mucho en los saludos de mano

ÉBOLA

La fiebre del ébola tiene una tasa de mortalidad de 50%, y puede transmitirse de animales a humanos. Algunos de sus síntomas son fiebre, vómito, sangrado interno, daño renal y hepático.

Desde el primer brote en 1976, ha habido epidemias de ébola en África Occidental, pero no se ha convertido en pandemia. Esto puede ser porque si alguien tiene ébola no es contagioso hasta que no desarrolla síntomas, y se contagia por el contacto directo o indirecto con fluidos corporales, no a través de toses o estornudos. Existen pruebas para identificar el ébola, medicamentos para tratarlo y dos vacunas.

¿Ya oíste que le echan la culpa a los cerdos?

Pocas enfermedades han viajado tan lejos como yo.

FIEBRE PORCINA

La fiebre porcina fue diagnosticada por primera vez en México en 2009. A pesar de su nombre, ¡es posible que los humanos se la hayan contagiado a los cerdos! Algunos de sus síntomas son escalofríos, dolores y fiebre.

La fiebre porcina se propaga rápidamente a través de toses y estornudos entre los jóvenes pero, por suerte, la tasa de mortalidad no es mayor que la de una gripa normal (como 0.1%), y los síntomas suelen ser leves. Ahora la fiebre porcina es estacional, circula cada invierno, y la mayoría de las personas tienen un cierto nivel de inmunidad.

VIRUS DE INMUNODEFICIENCIA HUMANA

El VIH se reconoció por primera vez en la década de 1980 y ha causado la muerte de unos 33 millones de personas en todo el mundo. Este virus debilita el sistema inmune y dificulta que las personas se defiendan de otras infecciones, como la neumonía. Se propaga a través de la sangre y los fluidos corporales, incluyendo la leche materna.

En un primer momento no había tratamientos, pero ahora existe una gran variedad de medicamentos que pueden prevenir la infección y ayudar a las personas a mantenerse sanas. Cada vez hay menos infecciones y muertes, pero se calcula que hoy en día unos 38 millones de personas viven con VIH.

SÍNDROME RESPIRATORIO AGUDO SEVERO (SARS)

El SARS (por sus siglas en inglés) es un coronavirus que se transmite a través del aire, y tiene una tasa de mortalidad de 14%. Apareció por primera vez en 2002 y causa fiebre, dolores musculares y dificultad para respirar.

Se transmite a través de las toses y los estornudos, o por contacto. No existe cura ni vacuna, pero puede controlarse por medio del seguimiento de los contactos, las cuarentenas, el lavado de manos y el uso de equipo de protección. Puesto que sólo lo puede contagiar alguien que muestre síntomas, es posible controlarlo rápidamente, y desde 2004 no ha habido casos.

SÍNDROME RESPIRATORIO DE ORIENTE MEDIO (MERS)

El MERS también es provocado por un coronavirus, y se originó en Arabia Saudí en 2012. Al igual que el SARS, el MERS causa fiebre, tos y dificultades severas para respirar y su tasa de mortalidad es de 35%. El virus infectó primero a los camellos y de ahí pasó a los humanos, pero aún no sabemos cómo fue.

Requiere de contacto cercano para transmitirse entre seres humanos, por lo que en la mayoría de los casos se transmite de pacientes a trabajadores de la salud. No existen tratamientos ni vacunas.

GRIPE AVIAR

La gripe aviar, o "gripe de los pájaros", es común entre los pollos y patos de ciertos países. Si se contagia a los humanos, tiene una tasa de mortalidad muy alta. Los primeros síntomas incluyen fiebre, dolores musculares y tos, que pueden complicarse hasta convertirse en neumonía u ocasionar dificultades severas para respirar, pero tenemos antivirales para tratarla.

En 1997, un grupo de científicos en Hong Kong tuvo que matar a millones de pájaros potencialmente infectados para evitar que un brote se convirtiera en una pandemia letal. Desde entonces han ocurrido pequeños brotes, pero en general se trata de aves que infectan a humanos. Aún no puede transmitirse fácilmente entre nosotros, pero, organizaciones como la OMS (Organización Mundial de la Salud) incluyen la gripe aviar en su planificación para pandemias.

GUERRA BACTERIOLÓGICA

Por desgracia, no todos los humanos han visto el poder destructivo de los microbios como algo malo. A través de los años, nuestra especie cometió muchos actos bastante horribles para convertirlos en armas y aprovecharse de sus nefastos efectos...

CAMPOS DE BATALLA BIOLÓGICOS

A la utilización de microbios como armas se le conoce como "guerra bacteriológica". Puesto que los microbios pueden esparcirse más allá de los campos de batalla y matar a civiles, esta práctica se prohibió ampliamente a partir de 1972. La idea te puede sonar muy moderna, pero durante milenios han existido ejércitos que han utilizado los microbios y las enfermedades como arma.

Por ejemplo, los soldados de la Roma antigua ponían animales podridos en los pozos enemigos para envenenar sus reservas de agua.

En 1346 un ejército ruso lanzó cadáveres de víctimas de peste negra por encima de los muros de una ciudad para infectar a sus habitantes.

Peste negra

Malaria

Durante el siglo XIX, el ejército francés que comandaba Napoleón Bonaparte, al enfrentar a los ingleses, inundó su campo de batalla para ayudar a la propagación de mosquitos de la malaria. Más de 100 soldados británicos murieron peleando, mientras que la enfermedad mató a 4 mil.

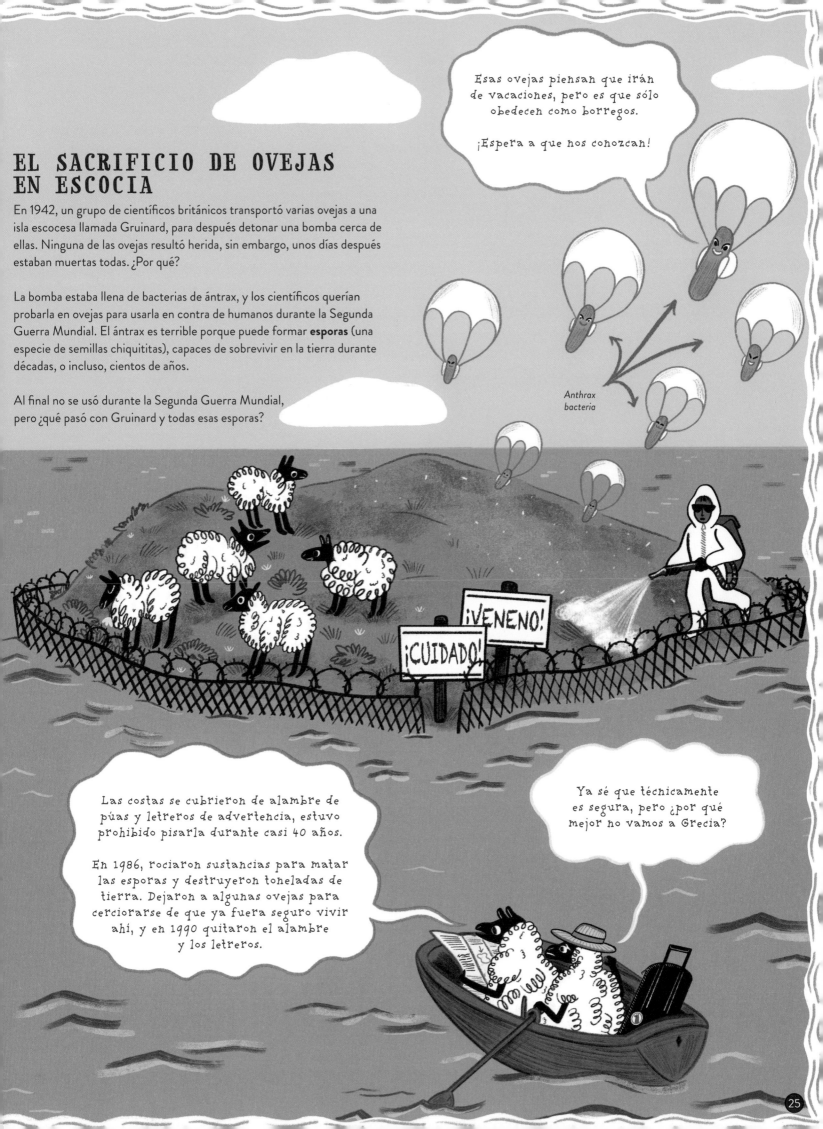

EL SACRIFICIO DE OVEJAS EN ESCOCIA

En 1942, un grupo de científicos británicos transportó varias ovejas a una isla escocesa llamada Gruinard, para después detonar una bomba cerca de ellas. Ninguna de las ovejas resultó herida, sin embargo, unos días después estaban muertas todas. ¿Por qué?

La bomba estaba llena de bacterias de ántrax, y los científicos querían probarla en ovejas para usarla en contra de humanos durante la Segunda Guerra Mundial. El ántrax es terrible porque puede formar **esporas** (una especie de semillas chiquititas), capaces de sobrevivir en la tierra durante décadas, o incluso, cientos de años.

Al final no se usó durante la Segunda Guerra Mundial, pero ¿qué pasó con Gruinard y todas esas esporas?

Anthrax bacteria

¡VENENO!

¡CUIDADO!

Esas ovejas piensan que irán de vacaciones, pero es que sólo obedecen como borregos.

¡Espera a que nos conozcan!

Las costas se cubrieron de alambre de púas y letreros de advertencia, estuvo prohibido pisarla durante casi 40 años.

En 1986, rociaron sustancias para matar las esporas y destruyeron toneladas de tierra. Dejaron a algunas ovejas para cerciorarse de que ya fuera seguro vivir ahí, y en 1990 quitaron el alambre y los letreros.

Ya sé que téchicamente es segura, pero ¿por qué mejor no vamos a Grecia?

¡Basta de historias de terror! Leamos las vidas de cinco intelectuales intrépidos que dejaron los supuestos y se lanzaron a la investigación.

¡Más de 200 años de cazarnos y corrernos! Son los peores compañeros de casa del mundo.

¡Lávense las manos!

¿Para qué?

Tengo las manos más limpias de todo el pueblo. ¡Me las lavo cada semana!

UNA SABIA DECISIÓN

Antes de mediados del siglo XIX, nadie sabía qué provocaba ciertas infecciones como la sepsis (el envenenamiento de la sangre causado por bacterias), por lo que nadie sabía cómo prevenirlas, y por lo tanto los hospitales eran lugares enormemente peligrosos. Los doctores que operaban vestían sus ropas normales, tal vez con un delantal por si salpicaba la sangre, y caminaban de un paciente a otro, ¡metiéndoles las manos sucias a todos!

En 1847, un doctor húngaro, Ignaz Semmelweis, comenzó a obligar a los estudiantes de medicina a lavarse las manos después de examinar cadáveres. A raíz de eso, la tasa de mortalidad por infecciones en su hospital bajó de 18 a 1%, y con todo y todo la gente no se convencía. Finalmente, en 1864, un científico francés, Louis Pasteur, probó que las bacterias y los virus causan infecciones, ¡y por fin los hospitales comenzaron a tomar medidas de higiene! Sabrás más de él en un momento...

SNOW Y SU LUCHA CONTRA EL AGUA

En el siglo XIX se creía que el cólera era causado por el miasma (el aire cargado), pero cuando John Snow (1813-1858) demostró que un brote en Londres se debía a una bomba de agua pública, encontró evidencia de que los culpables eran los microbios en el agua. Al clausurarse la bomba, los casos de cólera disminuyeron de inmediato.

En el aire no, pero ¿tal vez en el agua?

¡Oh, rayos, nos descubrió!

A PASTEUR NO SE LE ESCAPA NADA

Louis Pasteur (1822-1895) estudió la **fermentación** (el proceso que produce el vino, ve a la p. 43) y la razón por la que se echa a perder el vino, pensando que todo se debía a los microbios. Descubrió que puedes evitar que el vino se vuelva agrio calentándolo a una temperatura de entre 60 y 100 grados Celsius, ¡porque eso mata a los microbios! Hoy en día, la **pasteurización** se utiliza en todo el mundo para destruir a los microbios en la leche, el jugo de fruta y la cerveza.

Pero, ¿cómo probó que Semmelweis tenía razón? Pues resulta que Pasteur también desarrolló vacunas, que sólo podrían ser efectivas si las teorías de Semmelweis eran correctas. En 1881 desarrolló una contra la bacteria del ántrax, y en 1885 estaba trabajando en una contra la rabia, que pudo probar cuando a Joseph Meister, un niño de nueve años, lo mordió un perro rabioso, dejándolo al borde de una muerte segura. Por suerte, la vacuna funcionó, y Joseph se salvó.

¡Ash! ¡Por qué los humanos siempre ganan!

No se preocupe, no cortaremos nada hasta que se duerma.

Esa jeringa está lavada, ¿verdad?

¡Pínchalo! ¡Rápido!

EL ÚLTIMO RECURSO DE LISTER

Aún manteniendo la higiene básica y usando **anestésicos**, las cirugías seguían siendo muy riesgosas. Joseph Lister (1827-1912), un cirujano que conocía el trabajo de Pasteur, le declaró la guerra a los microbios y se dedicó a limpiar los instrumentos quirúrgicos, las heridas y hasta las manos de los cirujanos con ácido carbólico, creando un sistema de antiséptico salvador de vidas.

Hoy en día, las cirugías se llevan a cabo en condiciones **asépticas**, que se alcanzan limpiando el cuarto con **antisépticos**, filtrando el aire, calentando los instrumentos quirúrgicos y siempre, ¡siempre!, lavándose las manos.

FRIEDMANN

Roseli Ocampo-Friedmann (1937-2005) fue una científica filipino-estadounidense que quería saber qué tan resistentes eran los microbios, y cómo reaccionaban ante las condiciones extremas. Su investigación la llevó a descubrir microbios en áreas que se creían completamente desprovistas de vida, como los desiertos de la Antártida, y por ello esta zona lleva su nombre: el Pico Friedmann. Inclusive han usado su trabajo en la NASA para elaborar teorías sobre los microbios en Marte.

EDWARD JENNER Y LA VACUNACIÓN

En 1717, la escritora inglesa Lady Mary Wortley Montagu (1689-1762) observó en Turquía que se protegía a los niños de la viruela a través de un proceso llamado "virulación", que consistía en raspar la **pus** de una ampolla de viruela, primero, y después hacer una herida en la piel de alguien más para depositar la pus dentro y así contagiarle una forma más leve de esta enfermedad mortal. Lady Mary **inoculó** a su hijo en Turquía, y luego llevó el tratamiento a Inglaterra.

> La viruela me quitó mi belleza; no me quitará a mis hijos.

En 1757, un niñito llamado Edward Jenner recibió la inoculación...

> ¡Auch!

Y cuando creció, Edward Jenner se convirtió en un médico rural, en un momento en que existía el rumor de que las mujeres dedicadas a ordeñar vacas, o "lecheras", no podían contagiarse de varicela. Con todo, él notó que muy a menudo se contagiaban de "viruela de vaca" mientras trabajaban.

> ¡Buen día, Sara! ¡Hola, Retoño!

> ¡Buenos días, doctor Jenner!

Jenner pensó que tal vez la viruela de vaca protegía contra la viruela, y en 1796 se propuso averiguarlo, aunque no se trataba de cualquier experimento porque, si fallaba, lo ahorcarían por asesinato.

> Nos parecemos mucho...

> Y ambas te llenamos de ronchas llenas de pus.

> Pero yo soy buena, o tal vez sólo un poquito mala...

> ¡Y yo sin duda soy la peor de las dos!

Viruela de vaca   Viruela

El jardinero del doctor Jenner tenía un hijo de 8 años llamado James Phipps, y el médico convenció a la familia de que lo dejaran experimentar con él (no te preocupes, esto jamás se permitiría en estos tiempos).

> ¡Ay!

> ¡Oh, de verdad no quiero lastimarlo!

Jenner tomó pus de la roncha de viruela de vaca de una lechera, raspó la piel de James y untó ahí la pus. A James le dio viruela de vaca, pero se recuperó pronto.

Seis semanas después, Jenner raspó de nuevo el brazo de James, y, arriesgando la vida de ambos, le insertó pus de viruela.

¡Auch!

¿Viruela de vaca? ¡No tienes ninguna oportunidad!

¡Inténtalo, viruela!

Jenner esperó...

Si Jenner estaba en lo correcto, la viruela de vaca protegería a James de la viruela; pero si estaba equivocado, James podría morir, y su muerte haría que Jenner fuera enviado a las galeras.

James, ¿cómo te sientes?

Bien, gracias.

¿Moquitos? ¿Estornudos? ¿Una ronchita?

Nop. Todo bien.

Afortunadamente para ambos, Jenner sí había encontrado una forma de inmunizar a las personas contra la viruela: ¡James nunca se enfermó!

Pero... ¿cómo? ¡Si he matado a miles! Eres un... arjh...

¡Soy el campeón!

Jenner llamó a este método "vacunación", derivado de la palabra latina "vacca" que quiere decir... ¡adivinaste!, vaca. La vacunación era mucho más segura que la virulación.

Jenner vacunó a más niños, incluyendo su propio bebé, pero la gente no entendía el principio científico, por lo que reaccionaban con enojo y desconfianza. Hay una famosa caricatura de la época que muestra personas transformándose en vacas después de vacunarse.

Pero conforme más y más gente vio que la vacunación funcionaba, reconocieron el genio de Jenner.

En 1967, la OMS decidió exterminar la viruela en todo el mundo, y lo logró en 1980.

Soy la última muestra que queda, encerrada para que puedan hacer una vacuna si alguien vuelve a enfermarse. ¡Maldito Jenner, acabó conmigo!

¡PELIGRO!

¡CUIDADO!

Así llegaron al mundo las vacunas, pero ¿qué sucede realmente dentro del cuerpo? Es hora de una visita al verdadero campo de batalla...

TU SISTEMA INMUNE

Tu piel impide que la mayoría de los microbios se metan a tu cuerpo, pero ¿qué pasa con los tramposos que se cuelan en tu boca y tu nariz para llegar a tu estómago y tus pulmones? ¿A esos quién los detiene?

UN DÍA DE TRABAJO EN LA SANGRE

En tu torrente sanguíneo hay glóbulos, rojos y blancos. Los blancos son parte de tu sistema inmune, y se dividen en dos grupos: **fagocitos** y **linfocitos**.

Los glóbulos rojos, por su parte, arrastran oxígeno por todo el cuerpo para alimentar a tus células.

Soy un glóbulo rojo. Le damos color a la sangre.

Soy un fagocito, y salgo de los vasos capilares para destruir bacterias y virus en el cuerpo.

Soy un linfocito. Fabrico unas sustancias llamadas anticuerpos que facilitan que mis amigos, los fagocitos, se coman a los virus y las bacterias.

SIEMPRE VIGILANTES

Todas las células, incluidas las bacterias, tienen identificadores llamados **antígenos** que sobresalen de su superficie. Cada célula de tu cuerpo tiene los suyos que la identifican como parte de ti, como pasaportes, para que tu sistema inmune sepa que tienen permiso de estar ahí.

Hay montones de linfocitos distintos, y cada uno fabrica su propio anticuerpo para atacar a cada antígeno malo, como piezas de rompecabezas. ¡Encajamos para la batalla!

Todo lo que no es parte de ti, como un virus o una inmunda bacteria, también tiene antígenos. Tu sistema inmune vigila que no se acerquen y cuando lo hacen... ¡los ataca!

VOLVERSE VIRAL

Pero, ¿qué sucede si entra un virus de influenza? Bueno, una vez que te da influenza, a los linfocitos les toma algunos días fabricar suficientes **anticuerpos**, por lo que los virus tienen tiempo de destruir muchas células. Por eso te sientes mal.

A medida que los linfocitos comienzan a destruir a los virus, el daño comienza a revertirse, y tú te recuperas.

Pero ¿qué puede hacer tu cuerpo para impedir que te enfermes una vez que ya entraron? Ahí es donde interviene la **inmunización** (mira la p. 32).

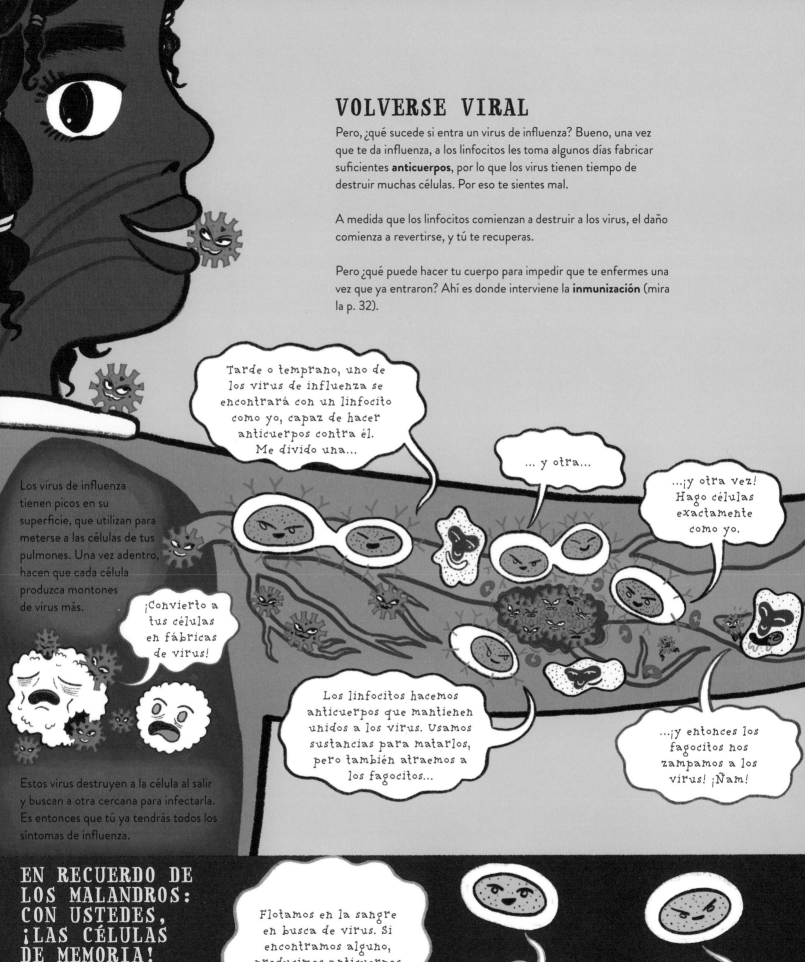

Los virus de influenza tienen picos en su superficie, que utilizan para meterse a las células de tus pulmones. Una vez adentro, hacen que cada célula produzca montones de virus más.

Estos virus destruyen a la célula al salir y buscan a otra cercana para infectarla. Es entonces que tú ya tendrás todos los síntomas de influenza.

Tarde o temprano, uno de los virus de influenza se encontrará con un linfocito como yo, capaz de hacer anticuerpos contra él. Me divido una...

... y otra...

...¡y otra vez! Hago células exactamente como yo.

¡Convierto a tus células en fábricas de virus!

Los linfocitos hacemos anticuerpos que mantienen unidos a los virus. Usamos sustancias para matarlos, pero también atraemos a los fagocitos...

...¡y entonces los fagocitos nos zampamos a los virus! ¡Ñam!

EN RECUERDO DE LOS MALANDROS: CON USTEDES, ¡LAS CÉLULAS DE MEMORIA!

Cuando tu cuerpo lidia con ciertas enfermedades, en ocasiones produce **células de memoria** que pueden darte inmunidad de por vida o por un cierto tiempo.

Flotamos en la sangre en busca de virus. Si encontramos alguno, producimos anticuerpos con tal velocidad, que no te enfermarás de nuevo.

En el tiempo que te toma leer esto, hemos matado cientos de intrusos malignos dentro de ti.

¡Ey! ¡Yo a ti te conozco! ¡Lárgate!

¿Hasta ahora? ¡Diantres!

CÓMO ACTÚA LA VACUNACIÓN

La inmunización es el efecto de una vacunación exitosa, porque engaña a tu sistema inmune y lo obliga a producir células de memoria sin que tengas que sentirte enfermo. Se logra a través de la inyección de una dosis mínima de una bacteria o virus que ya está muerto o debilitado. Las vacunas no pueden hacerte daño, pero aún así contienen antígenos que hacen que tu sistema inmune entre en acción. Tomemos como ejemplo el sarampión...

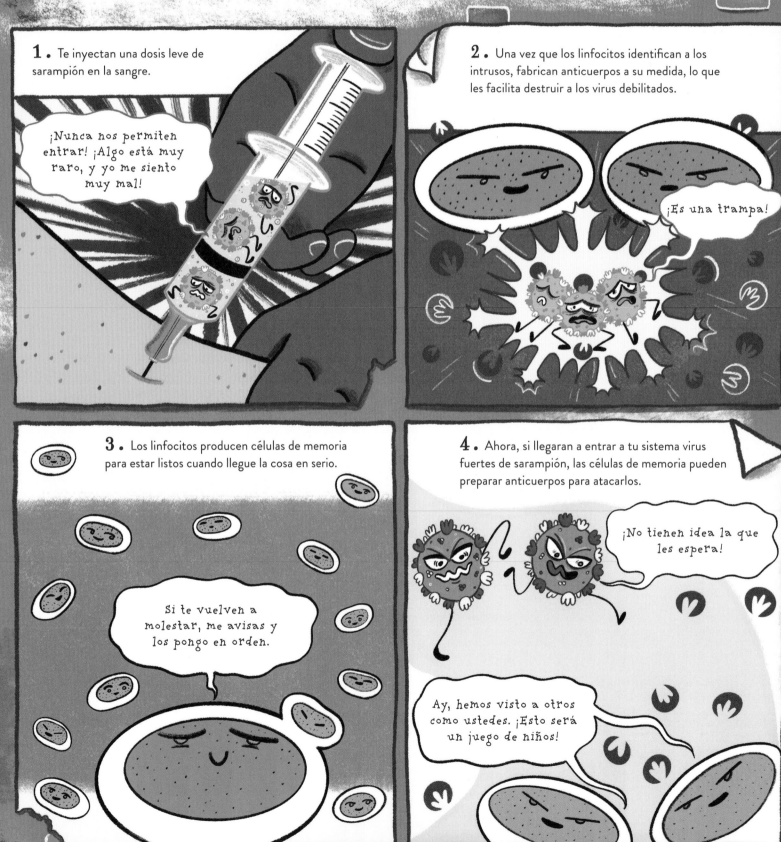

1. Te inyectan una dosis leve de sarampión en la sangre.

¡Nunca nos permiten entrar! ¡Algo está muy raro, y yo me siento muy mal!

2. Una vez que los linfocitos identifican a los intrusos, fabrican anticuerpos a su medida, lo que les facilita destruir a los virus debilitados.

¡Es una trampa!

3. Los linfocitos producen células de memoria para estar listos cuando llegue la cosa en serio.

Si te vuelven a molestar, me avisas y los pongo en orden.

4. Ahora, si llegaran a entrar a tu sistema virus fuertes de sarampión, las células de memoria pueden preparar anticuerpos para atacarlos.

¡No tienen idea la que les espera!

Ay, hemos visto a otros como ustedes. ¡Esto será un juego de niños!

Polio (virus)

Tétanos (bacteria)

Sarampión (virus)

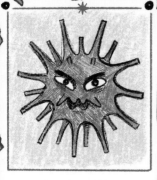

Rubeola (virus)

Hoy en día existen programas de inmunización en todos los países del mundo, y las vacunas han salvado millones de vidas al protegernos contra la polio, la difteria, el tétanos, la pertussis, el sarampión, la bacteria Hib, la rubeola, la hepatitis B y muchos más.

¡Estamos siempre en busca de los peores delincuentes!

Hepatitis B (virus)

Difteria (bacteria)

Pertussis, alias tosferina (bacteria)

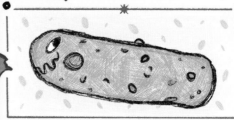

Hib (enfermedad por *Haemophilus influenzae* tipo b) que causa neumonía y meningitis (bacteria)

¡Esos no me dan buena espina!

ANTIVIRALES

Además de la inmunización, podemos combatir a los virus con medicamentos **antivirales**. Por el momento sólo existen para algunos, pero estamos listos para los de influenza. ¡La influenza española no sería tan peligrosa hoy en día!

Puedes lavarte las manos y ponerte cubrebocas, pero más te vale ponerte a trabajar si realmente quieres detenernos.

¿Y QUÉ PASA CON LOS NUEVOS VIRUS?

Los nuevos virus, como el COVID-19 (mira la p. 20), pueden tener efectos desastrosos si nunca antes habían contagiado a los humanos y se contagian rápidamente. Toma en cuenta que nadie tiene células de memoria para un nuevo virus, y desde luego no tenemos vacunas. Sólo podemos mantener a raya al virus con antivirales y tratamientos para aliviar los síntomas mientras los científicos corren a los laboratorios.

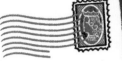

LA MEDICINA MILAGROSA

**En 1928, el microbiólogo escocés Alexander Fleming se fue de vacaciones.
Qué gusto por él, pero ¿a nosotros qué?**

UN VIAJE DECISIVO

Es posible que algún día te hayas sentido enfermo y la doctora te haya recetado **antibióticos**, que son medicamentos que matan a las bacterias. Pero ¿cómo intervinieron en tu recuperación las vacaciones de Alexander?

Pues verás: Fleming estudiaba las bacterias que causan el dolor de garganta, y las cultivaba en una gelatina especial dentro de **cajas de Petri**, pero resultó que no era el científico más ordenado y limpio del mundo...

UNA SORPRESA BABOSA

Cuando el profesor Fleming se fue de vacaciones, dejó unas de sus cajas de Petri en su laboratorio. Cuando regresó, le sorprendió descubrir que se habían llenado de un extraño **moho** (una especie de hongo) verdoso.

Fleming observó que las bacterias más cercanas al moho habían desaparecido, y se preguntó si el moho habría hecho algo para matarlas.

¡DE VUELTA AL TRABAJO!

Fleming cultivó el moho en un medio líquido que después probó en todo tipo de bacterias, y pronto descubrió que era capaz de matar a muchas bacterias distintas, incluyendo algunas que causan enfermedades a los humanos, pues rompía la barrera celular que las protegía. Cuando por fin encontró la sustancia responsable, la llamó penicilina.

Me siento muy expuesta...

¿EL FIN DE LA PENICILINA?

Después, hizo el experimento de inyectar penicilina a unos ratones, para probar si les hacía daño. Y no les hizo, pero Fleming descubrió que la penicilina deja de servir si la guardas durante mucho tiempo.

El próximo paso hubiera sido infectar ratones con bacterias y ver si la penicilina las mataba aún dentro del cuerpo de los animales, pero no llegó a hacerlo, tal vez porque era muy difícil purificar y conservar la penicilina.

Durante diez años, el descubrimiento de Fleming fue casi olvidado...

¡Dudo que seamos los últimos ratones en ver ese moho!

FLEMING Y SU EXTRAÑO PASATIEMPO

Las bacterias son de muchos colores distintos. Alexander Fleming reunía tantas como podía y las usaba para hacer dibujos en la gelatina en la que **cultivaba** bacterias.

¡Qué poco original! Consíguete tus propios colores, principiante.

LA GUERRA BACTERIANA DE LA SEGUNDA GUERRA MUNDIAL

En 1938, dos científicos buscaban encontrar medicamentos para infecciones bacterianas como la tuberculosis (TB), que ataca los pulmones y provoca fiebre, pérdida de peso, tos y, en algunos casos, hasta la muerte.

Howard Florey, cuya familia había sufrido TB, investigaba en la Universidad de Oxford con Ernst Chain, quien no se decidía entre ser bioquímico o pianista. Ambos hombres tenían mal genio, por lo que el trabajo no siempre era sencillo...

¡Lo he titulado "Sonata Salmonella"!

¡Qué escándalo! ¡No hay quien se concentre!

Después de leer el trabajo de Fleming, inyectaron a ocho ratones con bacterias nocivas, y luego a cuatro les dieron penicilina...

Ooooh. No me siento bien.

¡Mejor que nunca!

NO PENICILINA

PENICILINA

¿Nos desvelamos?

¡Claro! Nada más que hacer.

¡Qué suerte que nos salvaron!

¿Suerte? ¡Nos podrían haber matado!

GRUPO DE CONTROL - NO PENICILINA

PENICILINA

Para la mañana, sólo los ratones con penicilina habían sobrevivido. ¡Sí funcionaba!

Al comenzar la Segunda Guerra Mundial, no había muchos tratamientos para las heridas infectadas de los soldados y, por más pequeñas que éstas fueran, podían convertirse en abscesos fatales o gangrena. Florey y Chain entendieron que la penicilina podía salvar la vida de estos soldados.

Banda de la gangrena, ¡avancen!

¡No puedes hacer nada contra la neumonía!

¡Ese muchacho pide a gritos una salmonella!

¿De quién era esa bacinica, Betty?

¡Ay, Ruth, no preguntes!

Para producir un gramo de penicilina, se necesitaban miles de litros de "jugo de moho", por lo que un equipo de seis "chicas penicilina", para acelerar el cultivo, probaron diferentes recipientes, ¡incluyendo las bacinicas del hospital!

Para entender cómo funcionaba, Florey pidió a Dorothy Hodgkin que lo investigara, puesto que ella era una química británica, y una de las primeras mujeres en graduarse de Oxford con honores de primera clase. Además, Hodgkin fue una pionera de la **cristalografía de rayos X**, que consiste en fotografiar estructuras químicas por medio de rayos X.

¿Se supone que este modelo se parece a nosotros? No es muy favorecedor.

¡Destrúyelo!

Mientras tanto, Florey y Chain viajaron a Estados Unidos para fabricar penicilina a gran escala.

En cierto momento, durante la Batalla de Inglaterra, empaparon sus abrigos en el valiosísimo moho para proteger su trabajo de los invasores. ¡Por suerte, no hicieron esto mientras viajaban!

Ya en Estados Unidos, buscaron un moho que pudiera fabricar penicilina a mayor velocidad, y lo encontraron en un melón viejo. En 1943, comenzó la producción masiva en enormes vasijas de alcohol.

¿Tenías que empapar mi abrigo de concierto?

¡En el escenario no hubiera salvado a nadie!

¡Saboteemos los tanques!

Olvídenlo, chicos. Estamos perdidos.

Para 1944, casi al final de la guerra, había 2.3 millones de dosis listas para el desembarco de los Aliados en Francia. Salvó tantas vidas, que la llamaban "la medicina milagrosa de la guerra".

La penicilina ha salvado a millones de neumonía, escarlatina, meningitis y muchas infecciones respiratorias. En 1945, Fleming, Florey y Chain ganaron el Premio Nobel de Fisiología o Medicina por la creación del primer antibiótico accesible a gran escala.

Por su parte, Dorothy Hodgkin logró descifrar su estructura, permitiendo la creación de otro tipo de antibióticos, por lo que en 1964 obtuvo el Premio Nobel de Química.

¡Ganaron una batalla, pero no la guerra!

En realidad, sí ganaron una guerra...

Pero los antibióticos no pudieron contra todas las bacterias, y éstas volverían para un siguiente enfrentamiento...

RESISTENCIA A LOS ANTIBIÓTICOS

Desde la penicilina, se han descubierto más de cien antibióticos distintos, lo cual nos permite tratar muchas enfermedades y hasta prevenir infecciones en personas cuyo sistema inmune se encuentra débil.
Pero ¿funcionan para siempre?

MALAS NOTICIAS

Vacunas, antivirales, antibióticos... ¿eso ya es todo? ¿Quiere decir que ya ganamos la guerra contra los microbios?

¡Para nada! Desde que comenzaron a usarse, en la década de 1940, hemos consumido antibióticos en exceso y muchas veces de manera incorrecta, como para tratar virus. Esto ha provocado **resistencia a los antibióticos**.

Este virus es una pesadilla, ¡necesito antibiótico! ¡El más fuerte que tenga!

Los antibióticos no te sirven, ¡lo que necesitas es aprender! Tal vez te recete reposo y un buen libro de biología...

Además, en ciertos países se usan en los ranchos, no para tratar enfermedades sino para hacer que el ganado crezca más rápidamente.

Si le das antibióticos, va a resistir la escasez de comida.

Mi rancho no puede permitirse perderla, pero en realidad no está enferma.

Esto es una buenísima noticia para las bacterias malignas, porque nos volvemos resistentes a los antibióticos. Esta pelea no te la debes perder.

1. Cuando tomas antibióticos, las bacterias más débiles son las primeras en morir.

2. Esto puede hacerte sentir tan bien, que ya no terminas de tomarte los antibióticos, porque ¿para qué?

¡El antibiótico está teniendo un excelente inicio y ha comenzado a celebrar!

3. Y eso a los microbios les encanta, porque deja a los luchadores más fuertes vivos... ¡y listos para vengarse!

4. Ahora las bacterias serán demasiado fuertes para el antibiótico, ¡y van a ir tras otras personas!

Pero ¿qué es esto? ¡Las bacterias están otra vez en pie, más fuertes que nunca!

Señoras y señores, ahora son superbacterias muy resistentes, ¡y es hora del segundo round!

Puedo romperlas a todas con veinte segundos de tallarme con jabón.

¡Nos está destruyendo!

PARA APLASTAR A LAS SUPERBACTERIAS

Algunas **superbacterias** tienen que tratarse con varios ciclos de antibióticos distintos, uno detrás de otro, durante meses, y todavía hay muchas que están evolucionando. Tú puedes ayudar a detener esto, así:

- Lávate las manos: el jabón rompe las bacterias porque destruye sus paredes celulares

- No tomes antibióticos si tienes un virus

- Si tomas antibióticos, termina todo tu tratamiento

- Contagia el conocimiento, ¡no la enfermedad!

¡Pero eso no es todo! Se están desarrollando muchísimas armas más para acabar con esas malditas bacterias...

EXTRAÑAS ARMAS CONTRA LAS BACTERIAS

Actualmente, los científicos investigan organismos que producen sustancias que matan a las bacterias, desde plantas selváticas hasta bacterias marinas.

A veces es posible reforzar los antibióticos existentes cambiando su estructura, pero esta solución es temporal, pues las bacterias sólo se volverán resistentes, así que, ¿qué más se puede hacer? De hecho, los científicos están investigando todo tipo de extrañas armas nuevas para combatir a esos microbios tan horribles. Aquí te mostramos algunos de los proyectos más prometedores:

Sin antibióticos, están indefensos. ¡Es cuestión de tiempo para que este mundo sea nuestro!

Me temo que han creado nuevas armas, señor, y que son un poco raras...

¡COME MÁS BACTERIAS!

El uso de antibióticos puede matar las bacterias buenas de tu intestino (mira la p. 50), por lo que ya hay científicos desarrollando píldoras de bacterias buenas para que ocupen todo el espacio disponible e impidan que las malas se establezcan.

Señor, en este momento no hay lugar. ¡Sáquese!

¡Qué precioso café-intestino! Creo que me quedaré para siempre.

VACUNAS BACTERIANAS

La inmunización va más allá de los virus. Ciertas formas debilitadas de malas bacterias pueden preparar al sistema inmune para destruir a las "verdaderas" antes de que te enfermen.

¿Para quién trabajas? ¿Cuál es el plan?

¡Te lo diré todo, todos sus secretos!

¡SNAPP!

Es el nombre de una sustancia que se inventó para espesar el aceite y la pintura, y también es capaz de destruir las bacterias, pero los investigadores todavía no se han arriesgado a probarlo en humanos.

Ésta es, por mucho, la cosa más rara que han usado contra nosotros.

TRABAJO EN PROCESO

PUNTOS DE CARBONO

Los puntos de carbono, o puntos cuánticos de carbono, son partículas activadas por la luz para fabricar sustancias que destruyan a las bacterias. Pueden usarse para hacer superficies, desinfectantes y antisépticos que maten a las bacterias si los expones a la luz, o hasta medicinas que las maten dentro del cuerpo al exponer al paciente a una luz roja especial.

INHIBICIÓN DE LA PERCEPCIÓN DE CUÓRUM

Las bacterias se comunican a través de señales químicas. A esto se le llama percepción de cuórum y permite a las bacterias decirse unas a otras dónde están y qué hacer: si hay muchas en un sólo lugar, el resto deberá esparcirse.

La **inhibición de la percepción de cuórum** confunde las señales, de manera que las bacterias no pueden organizarse y son más sencillas de matar.

LECHE DE UALABÍ

La leche que producen los ualabíes contiene una sustancia cien veces más efectiva que la penicilina para matar bacterias. En Australia hay investigadores que piensan que puede salvarnos de algunas superbacterias.

FAGOTERAPIA

Los **bacteriófagos** son virus que infectan a las bacterias y toman por asalto sus células, obligándolas a producir más fagos, para luego salir de ellas y matarlas.

Los fagos pueden elegir atacar bacterias específicas, sin dañar a las demás. En Europa del Este la fagoterapia se utiliza desde la década de 1920, y poco a poco ha ido adquiriendo popularidad.

Los fagos son baratos de producir y fáciles de encontrar (particularmente en el drenaje, ¡porque están en tu caca!). La parte difícil consiste en purificarlos y convertirlos en pastillas.

Después de todo esto tan raro, ¿qué te parece ir por un almuercito? ¡Los microbios son especialistas en ello!

¡MICROBIOS DELICIOSOS!

Si sólo hablamos de enfermedades, querrás alejarte de los microbios completamente y, de hecho, la mayoría son inofensivos o hasta benéficos; además, sin ellos no existirían muchas de tus comidas favoritas.

¿Qué va a querer hoy? ¿Lo de siempre?

¡Has comido muchísimos de nosotros!

YOGURT Y QUESO

Las bacterias y los mohos son esenciales para producir el queso y el yogurt, pues convierten los azúcares y las proteínas en químicos deliciosos.

¡Hola, soy Lactobacilo! Convierto los azúcares de la leche en ácido láctico para producir el yogurt acidito. Quítale el líquido con un colador, y estarás muy cerca de hacer queso.

Le damos sabor al queso mientras se queda un rato madurando. Es un trabajo lento, ¡pero muy provechoso!

Somos mohos y le damos al Brie y al Camembert su corteza blanca, esponjosita; y a los quesos azules, como el Stilton, sus caminitos de color.

¿Me recuerdas? Soy Fusarium. Puedo imitar lo que sea que te guste. ¿Carne?, ¿pollo?, ¿pescado? ¡Tú eliges!

CARNE SIN CARNE

Los hongos *Fusarium* pueden cultivarse, cosecharse y procesarse para hacer alimentos altos en proteínas que parecen carne, y huelen y saben a carne, sin que haya animales involucrados.

ALIMENTOS FERMENTADOS

Los alimentos como el yogurt pueden tener un sabor levemente ácido o burbujeante, porque unos microbios muy atareados los fermentaron por largo tiempo.

Todos ayudamos a fabricar alimentos fermentados como miso, kimchi, sauerkraut y kéfir.

Miso es un ingrediente japonés salado hecho de frijoles de soya.

El kimchi es coreano y se hace poniendo vegetales en salmuera. En muchos otros países, la palabra "kimchi" se utiliza para referirse a una col picante en salmuera.

El kéfir es una bebida a base de leche fermentada, como yogurt muy diluido, que proviene de Europa del Este y Asia.

El sauerkraut, de Alemania, es col fermentada.

PAN Y ALCOHOL

Sin microbios no habría más que pan plano, y no habría alcohol. La **levadura** es un hongo que se ha usado para hornear y destilar durante miles de años.

Si me combinas con harina y agua, me comeré los azúcares de la harina para reproducirme, y haré un poco de alcohol y dióxido de carbono. ¡Hornéame y tendrás pan!

Amigos, no saldremos de ésta vivos, pero haremos una hogaza divina.

Somos los verdaderos panaderos. Nos llamamos Saccharomyces, o levadura, para los amigos.

Pero si el pan tiene alcohol, ¿por qué no emborracha?

Pues porque para cuando la masa sube, ya no contiene demasiado alcohol, y todo se evapora en el horno.

Para elaborar bebidas más fuertes, como la ginebra, el whisky o el vodka, tienes que concentrar el alcohol quitando un poco de agua.

Si me mezclas con dulce jugo de uva, creceré, me reproduciré y fabricaré dióxido de carbono y muchísimo alcohol para hacer cerveza, vino y sidra burbujeante.

TUS MICROBIOS AMIGOS

Los microbios no sólo nos ayudan con la comida, todo tipo de bacterias y hongos se afanan tras bambalinas, apoyándonos de formas que difícilmente se nos ocurrirían. Bienvenido al maravilloso mundo de los microbios trabajadores...

MICROBIOS LAVANDEROS

Las bacterias producen **enzimas** que ayudan a romper las sustancias de sus células. Las enzimas trabajan mejor bajo las temperaturas habituales en que viven las bacterias, usualmente debajo de los 50 grados centígrados. Usamos enzimas en detergentes biológicos en polvo y líquidos que atacan manchas, porque limpian la ropa a bajas temperaturas y ahorran energía.

¡Cielos!, ¿pero qué han estado haciendo?

¿Para cuándo nuestras medallas?

El país lleno de estadios, y quieren jugar aquí.

MICROBIOS LIMPIADORES

Las bacterias inclusive son capaces de limpiar la contaminación por derrames de petróleo y metales dañinos como el plomo o el uranio. Para construir el recinto para los Juegos Olímpicos de Londres de 2012, se utilizaron bacterias para limpiar el terreno contaminado de las viejas plantas químicas y las refinerías de petróleo.

AGUAS NEGRAS
¡GUACALERTA! Las bacterias pueden limpiar los drenajes de fábricas y casas, incluyendo los de tu regadera, tu lavadora de ropa y tu excusado.

El metano se usa como combustible de la planta, y los residuos que quedan se secan para hacer fertilizante.

Las aguas negras se van a un tanque, y todos los sólidos se hunden. Nosotros rompemos los sólidos para producir gas metano.

MICROBIOS FABRICANTES DE MEDICAMENTOS

DIABETES

Tu sangre lleva azúcar para alimentar a las células. Las células siempre tienen hambre, por lo que es necesario tener un nivel constante (llamado concentración) de azúcar en circulación. Pero lo lógico es que después de comer haya muchísima azúcar, y durante la noche, casi nada, ¿no? Por eso tu páncreas produce **insulina**, que le dice a tu cuerpo que quite el exceso de glucosa de la sangre y la almacene en tu hígado y músculos.

Existen personas incapaces de producir insulina, porque tienen una condición llamada diabetes tipo 1. Si no se trata con insulina, la diabetes tipo 1 puede provocar pérdida de visión, enfermedad del corazón, daño renal y del sistema nervioso y, en ciertos casos, la muerte. Hasta la década de 1920, el único tratamiento era una dieta peligrosamente estricta.

Hoy en día, se les da a los microbios el ADN humano que contiene la receta para la insulina, ¡y ellos nos la fabrican! En los años ochenta, se tomaba del páncreas de vacas y cerdos, pero ya se puede producir en fábricas limpias.

> Es más pura que la insulina animal, sin riesgo de enfermedad.

> ¡El ADN humano nos da la receta, y la bacteria E. Coli y la levadura la preparan!

> ¡Nos cultivan en tanques para que hagamos muchísima, y muy rápido!

SALÓN DE LA FAMA DE LA FÁBRICA MICROBIANA

La interleucina-2 puede tratar algunos tipos de cáncer.

El interferón beta-1b puede combatir la esclerosis múltiple.

La hormona del crecimiento humano ayuda a niños con problemas para crecer.

El factor de crecimiento de los queratinocitos protege las células de los pacientes de cáncer sometidos a quimioterapia.

> El líquido se vierte en una cama de filtrado. Nosotros nos quedamos en las piedras y rompemos cualquier sustancia mala hasta que quedan un agua y un dióxido de carbono muy inofensivos.

> Ahora puede correr hacia un río en forma segura, suficientemente limpia como para beberla.

HABLEMOS DE COCHINADAS

¿Sabías que estás hecho de dinosaurios reciclados? ¿Y de narcisos y montañas y reyes y asesinos, cebollas, anguilas eléctricas y estrellas de cine? ¡Y es todo gracias a las bacterias y los hongos!

RECICLAJE ANTIQUÍSIMO

La cantidad de **elementos** químicos con que se construyeron todas las cosas de la Tierra es limitada; es el caso del carbón, el hidrógeno, el oxígeno y el nitrógeno. Estos, además, constituyen un poco más del 90% de cada célula viva, así que, si no fueran reciclados por los microbios, la vida simplemente... se detendría. De hecho, si los microbios no hubieran sido las primeras formas de vida, ¡nada más se hubiera desarrollado!

Los elementos se han reciclado durante mil millones de años. Las mismas sustancias que hicieron a los primeros microbios esperaron muchísimos años y se convirtieron en parte del Tiranosaurio Rex, y en unos milloncitos de años más, ayudarían a construir reinas, gatos, maestros, flores, ¡y a ti! Además, estas sustancias tampoco es que se queden quietas en un sólo lugar, sino que son arrastradas a lo largo y ancho del planeta por el viento, el agua y todos los cuerpos que crean.

En resumen, ¡eres el resultado de una colaboración global de miles de millones de años!

> Rompemos células de cosas muertas para obtener sus sustancias. Cuando morimos, las sustancias alimentan a las plantas.

> Si no fuera así, caminarías todos los días en medio de dinosaurios muertos. ¡Fuera lo viejo, venga lo nuevo!

> ¡Hasta debajo del agua, el mundo es un bufet!

MICROBIOS EN EL OCÉANO

Muchas de las criaturas que habitan el océano hacen un tiradero cuando comen, pero no importa, porque los microbios se zampan las partículas de comida y usan las sustancias para construir más células. El equipo de limpieza microbiano se come hasta el excremento de los animales que contamina el agua.

MICROBIOS EN EL BOSQUE

Habrás visto que hay muchos árboles que pierden sus hojas en el invierno; ¡imagínate los montones de hojas si no se pudrieran! Los árboles se morirían de hambre, porque las sustancias dentro de sus hojas viejas no regresarían a la tierra para que pudieran usarlas y fabricar hojas *nuevas*.

Si murieran los árboles, morirían también los insectos que se alimentan de ellos.

Y los pájaros que se comen esos insectos.

Y los animales que se comen a esos pájaros.

MICROBIOS EN LA GRANJA

Existen plantas como los chícharos, los frijoles y el trébol, cuyas raíces tienen unas bolitas, llamadas nódulos radiculares. Están llenos de bacterias que toman el nitrógeno del aire y lo convierten en **fertilizante**.

Otras plantas tienen que obtener su nitrógeno de la tierra, y cuando no hay suficiente, los campesinos pueden utilizar fertilizantes químicos, ¡o pueden cultivar trébol y rastrillarlo!

¡Nitrógeno dentro, fertilizante fuera!

LINO

El hilo de lino se fabrica a partir de los tallos de la planta de linaza. Para separar las fibras, que están todas dentro del tallo, se ponen en agua para que se pudran y los hongos y las bacterias las "despeguen".

¿Quién necesita oxígeno cuando puedes fabricar ácido? Conserva el pasto y está lleno de vitaminas.

ENSILADO

Cuando no hay suficiente pasto para que coman los animales, los campesinos les dan ensilado, ¡pasto en salmuera! El pasto se pica, se aplasta y se cubre para mantener fuera el oxígeno para que las bacterias del pasto puedan ponerse en acción y fermentarlo.

Rompemos una proteína pegajosa que se llama pectina. Si alguna vez has hecho mermelada, la pectina hizo que cuajara.

Seguramente pensabas que la descomposición era algo asqueroso. Pero nosotros hacemos fertilizante, comida, telas... ¡somos pudridores, y a mucha honra!

RUMIANDO EN EL CAMPO

Existen muchísimos animales grandes, como las jirafas, los antílopes, las ovejas
y el ganado, que sobreviven sólo de pasto u otras hojas. ¿Cómo lo consiguen? Bueno,
no lo consiguen. Al menos, no solos: estos animales se llaman rumiantes,
y los rumiantes tienen, todos, estómagos de múltiples cámaras, con enormes granjas
dentro. No, no es un error, ¡el intestino de los rumiantes es una granja de microbios!

> Es un hábito conejil perfectamente natural. No me mires así, que te he visto comerte las uñas...

> Ahí viene de nuevo...

¿QUIERES UNA PROBADITA?

Si bien los conejos no son **rumiantes** porque sus estómagos sólo tienen
una cámara, son un buen ejemplo para entender las granjas microbianas
internas; aunque, eso sí, las suyas se encuentran casi al final del intestino,
más allá de la parte que absorbe nutrientes. ¿Cómo funcionan entonces?

¡GUACALERTA! Los conejos se comen su propio excremento, por
lo que la comida pasa dos veces por su intestino, y la segunda vez pueden
absorber los nutrientes que liberan los microbios.

No creas que es ese excremento negro y duro, no. Ese sale la segunda
vez; el primero sólo se ve como pasto masticado, y a los conejos les gusta
comérselo a solas en sus madrigueras (seguramente tú lo preferirías
también...). Otros animales, incluidos los chimpancés y los gorilas, a veces
hacen lo mismo.

VIAJE AL CENTRO DE LA VACA

Las vacas, en cambio, sí son rumiantes en toda forma; sus estómagos tienen cuatro cámaras y la más grande, el rumen, puede contener hasta 180 litros de pasto y agua... ¡más de una bañera entera!

También guarda miles de millones de microbios, que descomponen el pasto y liberan sus nutrientes. Estos nutrientes se meten a la sangre en una parte más profunda del intestino, con millones de microbios digeridos, pero se reproducen tan rápidamente que siempre hay muchos más.

La digestión de pasto como éste nos hace eructar metano, un gas que daña el ambiente.

Aquí Muuriel puede eructar 500 litros diarios, ¡es una amenaza ecológica!

El gas metano sólo lo producen unos cuantos microbios; ya hay investigadores tratando de atacarlos.

Una de las soluciones que han encontrado es dar a las vacas alimentos que a estos microbios no les gustan, ¡o hasta vacunarlas!

¿Qué vamos a comer? Espero que sea pasto. Me encanta el pasto.

Si le damos más nutrientes, ¡nos dará más pasto!

Ah, esto es vida: descomponer forraje en el estómago de una vaca vieja.

Cuando una vaca come pasto, éste va al rumen para digerirse. Después de un rato, la vaca se sienta, regresa el pasto a medio digerir a su boca, y le da una buena masticada para mezclarlo con saliva y facilitar a los microbios la tarea de terminar su digestión. A esto se le llama "masticar el bolo".

TUS MICROBIOS PERSONALES

Tu cuerpo está hecho de 30 millones de millones de células, pero llevas dentro una cantidad similar de microbios, y probablemente hasta 10 millones de millones más. A eso se le llama microbioma.

Están en toda tu piel (unos 10 millones por centímetro cuadrado), y llenan todo tu intestino.

Los de la piel los enjuagas cada vez que te bañas, pero muy pronto ya estás cubierto de nuevo, ¡y eso es algo muy bueno!

¡Abran las compuertas!

OJOS

Se piensa que la *Corynebacterium mastitidis* estimula a las células del ojo para que liberen sustancias en las lágrimas capaces de matar a las bacterias dañinas que pueden causar ceguera.

El microbioma de tu intestino contiene millones de millones de microbios, que pueden llegar a pesar un kilo entero en el caso de los adultos, y se localizan sobre todo en el intestino grueso.

Podemos vivir en la piel, los globos oculares, la nariz, la boca, el intestino y los genitales. Incluso puedes encontrar algunos nadando en la sangre.

BOCA

El *Streptococcus salivarius* puede ayudarte a controlar el mal aliento, pues crece a mayor velocidad que las bacterias malolientes.

CACALUCIÓN COMPARTIDA

Los médicos han comenzado a usar bacterias del intestino para tratar algunos problemas, ¡por medio de trasplantes de caca!

En general, entre más tipos de bacterias tienes, mejor, y muchas de ellas se van en tu caca, o en tus **heces**, como las llaman los científicos. La gente que tiene problemas intestinales a menudo carece de las bacterias más útiles, pero con un "trasplante fecal microbiano", se mejoran muchos de sus problemas. Esto implica colocar caca de una persona con un microbioma fuerte en el intestino del paciente.

¿Será que algún día habrá centros de donación de heces como hay de sangre?

EL INTESTINO VIVO

Tal vez habrás notado que después de tomar antibióticos te sientes un poco mal. Esto es porque algunos antibióticos matan una buena parte del microbioma del intestino, y no te sentirás 100% mejor hasta que no los reemplaces. El yogurt puede ayudarte, porque está lleno de lactobacilos.

VAGINA

Los lactobacilos (¡las mismas bacterias del yogurt!) mantienen la vagina ligeramente ácida, lo cual impide a la mayoría de las bacterias crecer ahí. Cuando nace un bebé, recoge algunos lactobacilos, que le ayudarán a digerir la leche.

GUERRAS TERRITORIALES

Algunos microbios sólo pueden vivir en esa región caliente y sudorosa conocida como tus axilas; otros, prefieren el aceite de tu cara, y algunos crecen mejor en los áridos desiertos de tus piernas y brazos. La gran mayoría son inofensivos; de hecho, ocupan tanto espacio, que queda muy poco lugar para los dañinos.

Pero cuando llegan a aparecer los malos, los buenos pueden advertirte. Por ejemplo, pueden decir a las células de tu piel que fabriquen proteínas para matar a los microbios malos, pero también pueden impedir que tu sistema inmune reaccione en exceso, haciéndote daño.

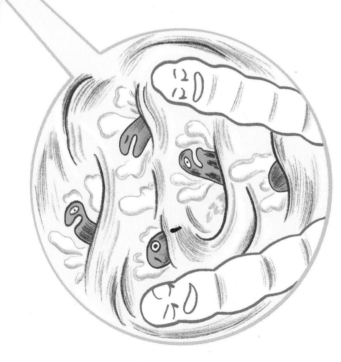

CÓMO HABLAR CON UN MICROBIO

Así que tienes microbios y un sistema inmune para cuidarte, pero ¿cómo hacen para trabajar juntos? Y si tu sistema inmune siempre está buscando células extrañas, ¿por qué no destruye todos tus microbios buenos?

¿CON GANAS DE PLATICAR?

Sorprendentemente, cuando apenas eres un bebé chiquitito, los microbios de tu intestino le enseñan a tu sistema inmune a ignorarlos a través de un **diálogo químico**, que consiste en que crean sustancias especiales para que las células inmunológicas aprendan a reaccionar como si las bacterias fueran parte de *ti*.

Algunos padecimientos, como la enfermedad de Crohn o la diabetes tipo 1, se deben a que tu sistema inmune se confunde y te ataca. Se cree que ha sido el diálogo químico microbiano el que le ha enseñado al sistema inmune de la mayoría de las personas a no hacerlo.

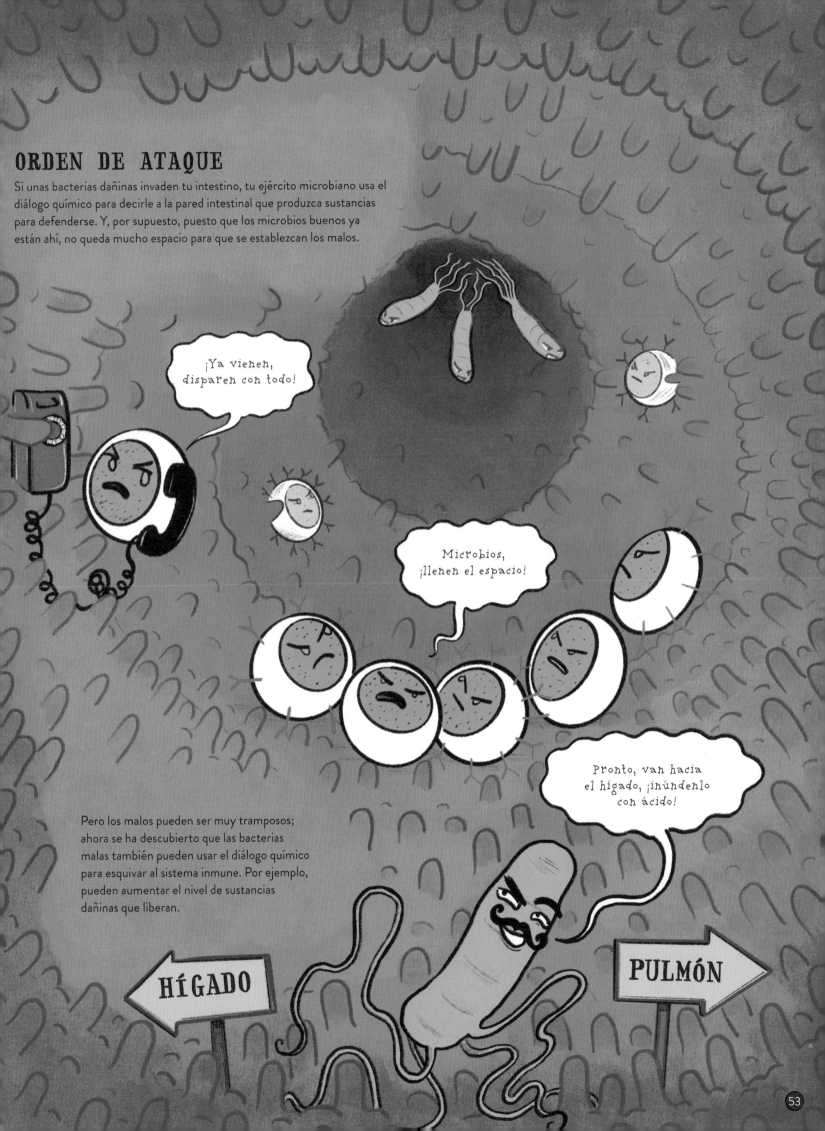

ORDEN DE ATAQUE

Si unas bacterias dañinas invaden tu intestino, tu ejército microbiano usa el diálogo químico para decirle a la pared intestinal que produzca sustancias para defenderse. Y, por supuesto, puesto que los microbios buenos ya están ahí, no queda mucho espacio para que se establezcan los malos.

¡Ya vienen, disparen con todo!

Microbios, ¡llenen el espacio!

Pronto, van hacia el hígado, ¡inúndenlo con ácido!

Pero los malos pueden ser muy tramposos; ahora se ha descubierto que las bacterias malas también pueden usar el diálogo químico para esquivar al sistema inmune. Por ejemplo, pueden aumentar el nivel de sustancias dañinas que liberan.

HÍGADO

PULMÓN

ENLISTA A TUS TROPAS

A estas alturas, ya te habrás dado cuenta de lo importante que es tu ejército microbiano, pero ¿de dónde vienen? Y una vez sabiendo lo que ellos hacen por ti, ¿tú qué puedes hacer por ellos?

PRIMEROS RECLUTAS

Los humanos comenzamos a reclutar soldados microbianos, ¡aun antes de nacer! Dentro del vientre materno adquieres microbios, y muchos más por el canal de parto cuando es hora de salir de ahí. Pero ¿qué pasa con quienes nacen por cesárea, a quienes el cirujano saca directamente del vientre?

En ese caso, los microbios se adquieren por la piel de la madre. Estos microbios se desarrollan mejor si el bebé se alimenta de leche materna en lugar de fórmula de una botella, porque aquélla tiene bacterias muy útiles y sustancias nutritivas.

PARA REUNIR A LAS TROPAS

Una vez que creces un poco, tu alimentación representa una *gran* diferencia en lo tocante a cuántos y qué tipo de microbios viven en tu intestino. Inclusive intercambias microbios con otras personas en tu casa, con tus mascotas y hasta con los ácaros del polvo, porque ¡todos quiere tener un espacio dentro de ti, de tu casa y de tus mascotas! Tus microbios también varían de acuerdo con el país en el que vives, y si vives en el campo o en la ciudad.

ENTRENAMIENTO: ¡FORTALECE A TUS SOLDADOS!

Come muchas verduras; las sustancias en las plantas alcanzan a tus microbios sin haber sido digeridas tanto como la carne, por lo que tus microbios pueden usar una mayor parte de ellas.

Evita los alimentos procesados, endulzados y grasosos. No tienen suficientes nutrientes para ti y tus microbios.

Come mucha fibra. Tú no puedes digerirla, pero a tus microbios les *encanta*.

¡Cómete un ejército! Los **probióticos** son alimentos que contienen buenos microbios. Entre los más comunes están el yogurt, el kéfir, el miso, el sauerkraut y algunos quesos.

¡Alimenta a tu ejército! Los **prebióticos** son compuestos que se encuentran en los alimentos y van directamente a tus microbios.

No seas *demasiado* limpio; si vives limpiando todo con desinfectantes antibacteriales, destruirás un montón de microbios que te mantienen saludable.

¡DESFILE DE MICROBIOS! ¿QUIÉN ES EL MEJOR?

Los habitantes de países occidentales tienden a consumir más alimentos procesados y carne, y menos plantas que los habitantes de otros países. ¡Sus microbios están hambrientos de nutrientes!

Los miembros del grupo étnico hadza, en Tanzania, tienen los ejércitos microbianos más grandes y mejores del mundo. Se alimentan de plantas silvestres y miel que ellos mismos buscan, y de carne que cazan, además de que su alimentación varía de acuerdo con las estaciones, por lo que comen una enorme variedad de plantas nutritivas.

FUERA DEL CAMPO DE BATALLA

Ahora ya sabemos que los microbios pueden ser soldados, maestros y doctores en tu cuerpo, pero hay muchos más trabajos que realizan que apenas comenzamos a entender.

Come lo que te hace bien, y nosotros nos encargamos del resto.

NUTRIÓLOGOS

Los microbios ayudan a regular tu peso. Los ratones gordos y los delgados tienen distintos microbios en su intestino y parece que esto es igual para los humanos. Tal vez en un futuro habrá píldoras llenas de microbios para ayudar a controlar el peso.

Caray, ¿otra vez se cayeron?

¡Doble dosis de K, por favor!

QUÍMICOS

Los microbios también fabrican vitaminas que necesitas para funcionar bien, incluyendo vitaminas B, vitamina K y ácido fólico. Necesitamos vitaminas B para liberar la energía de los alimentos y para mantener sanos muchos de los tejidos, mientras que la vitamina K ayuda a la coagulación de la sangre, y el ácido fólico fabrica glóbulos rojos y ayuda a que la médula espinal de un bebé se desarrolle normalmente.

CONSEJEROS

Tus microbios te protegen contra las **alergias**, el asma y el eczema, pues platican con tu sistema inmune conforme vas creciendo y le enseñan a no reaccionar en exceso ante estímulos como el polen y el polvo. Entre mayor y más variado sea tu ejército microbiano cuando eres niño, será menor la probabilidad de que desarrolles este tipo de condiciones. Qué curioso, ahora resulta que enlodarte y ensuciarte sí es una buena idea.

PSICÓLOGOS

Tu microbioma puede afectar la salud mental y puede que esté involucrada en condiciones como la depresión. Sin embargo, las enfermedades mentales pueden tener causas científicas serias, como cualquier otra enfermedad, y puede deberse, en parte, a que se tiene una cantidad incorrecta de alguna sustancia en el cerebro.

Por ejemplo, la gente que sufre depresión parece tener microbios distintos de la gente que no la padece, y estos microbios afectan las sustancias que las neuronas usan para comunicarse entre sí.

¿EL FIN?

Por supuesto que las *Guerras de microbios* van a seguir al menos durante toda tu vida, ¿qué crees que pasará ahora?

PRÓXIMAMENTE:

LAS BACTERIAS CONTRAATACAN

Habrá más bacterias que desarrollen resistencia a los antibióticos, por lo que tendremos que ser mucho más cuidadosos al usarlos, o correremos el riesgo de que ciertas enfermedades curables se vuelvan imposibles de tratar y a que las cirugías traigan consigo mayores riesgos de infección. Con suerte, descubriremos nuevos antibióticos, pero no te confíes.

LA MEJOR DEFENSA

Podemos desarrollar vacunas para más enfermedades. En este momento, se está probando una vacuna contra la malaria muy prometedora.

AGENTES DOBLES

Entenderemos mejor a los microbios benéficos que luchan de nuestro lado, y cómo podemos ayudarles a ayudarnos.

EL ARMA SECRETA

Podremos encontrar maneras de matar bacterias dañinas que no involucren antibióticos, como los fagos, los ualabíes, los puntos de carbono... ¿y quién sabe qué otras cosas? Algunas de estas ideas provienen de las fuentes más insospechadas.

CAZABICHOS

Es posible que se descubran mejores formas de matar los insectos que transmiten microbios dañinos, pero debemos evitar que en el proceso mueran insectos inofensivos o benéficos.

TU PAPEL

La mayoría de la gente no conoce el maravilloso mundo de los microbios, pero ahora *tú* ya lo conoces, así como un poco de la historia de las *Guerras de microbios* y los científicos y médicos que han descubierto las armas que usamos para combatirlos.

Sabes ahora que los microbios están casi en todas partes, aunque la mayoría son invisibles a nuestros ojos; sabes que pudren la comida, pero que también ayudan a hacerla; sabes que pueden causar enfermedades, pero también curarlas. Sabes, en fin, que todos convivimos continuamente con microbios, hasta el punto en que compartimos nuestro cuerpo con ellos.

Sabes que la mayoría están de nuestro lado.

Pero las *Guerras de microbios* seguirán y seguirán para siempre, y ahora es *tu* turno de incorporarte a ella.

¿Cómo? ¡Pues contándole a todos tus conocidos cómo es el maravilloso mundo de los microbios!

GLOSARIO

ADN: instrucciones químicas para construir un ser vivo.

Alergia: reacción exagerada del sistema inmune ante un antígeno.

Algas: microbios que fabrican su alimento por fotosíntesis.

Amiba: microbio capaz de cambiar su forma, vive en el agua.

Anestésico: sustancia médica que se usa para insensibilizar parte del cuerpo o ponerte a dormir.

Antibióticos: sustancias producidas por hongos para destruir bacterias.

Anticuerpos: proteínas producidas por algunos glóbulos blancos para destruir virus y bacterias.

Antígenos: moléculas en la superficie de virus y células que permiten identificar qué son.

Antiséptico: sustancia o proceso que destruye los microbios en otros seres vivos o superficies.

Antivirales: medicamentos que se utilizan para tratar las enfermedades que causan los virus.

ARN: instrucciones químicas usadas por ciertos virus en lugar del ADN.

Aséptico: muy limpio, libre de microbios.

Bacterias: microbios simples, unicelulares.

Bacteriófagos: virus que infecta a las bacterias, a menudo llamado simplemente "fago".

Bifidobacterium: bacteria muy útil que se encuentra en el intestino humano.

Brote: aumento súbito en el número de casos de una enfermedad en una zona determinada.

Bubas: bultos dolorosos en las axilas y la entrepierna causados por la peste.

Caja de Petri: plato de vidrio que se utiliza a menudo en los laboratorios para cultivar bacterias y hongos.

Células de memoria: células inmunológicas de larga vida capaces de recordar antígenos invasores.

Coronavirus: virus llamado así por los picos en su superficie que semejan una corona.

Cristalografía de rayos X: uso de rayos X para definir la estructura de una sustancia.

Cuarentena: periodo de aislamiento para prevenir la propagación de enfermedades infecciosas.

Diálogo químico: forma en que se comunican las bacterias a través de señales químicas.

Elementos: sustancias que no pueden dividirse en sustancias más simples.

Enzimas: sustancias producidas por células para acelerar reacciones químicas.

Espora: célula reproductiva formada por varios tipos de microbios.

Fagocito: tipo de glóbulo blanco que rompe virus y bacterias.

Fermentación: cuando los microbios descomponen las azúcares para alimentarse, sin usar oxígeno.

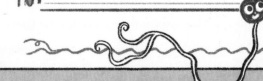

Fertilizantes: sustancias que se agregan al suelo para mejorar el crecimiento de las plantas.

Fotosíntesis: forma en que las plantas fabrican azúcar a partir de agua, dióxido de carbono y luz solar.

Heces: el nombre científico de la caca.

Hongo: grupo de organismos que rompen las células de otros organismos a través de líquidos.

Infección: la acción de transmitir una enfermedad causada por un microbio.

Inhibición de percepción de cuórum: interferir con la comunicación entre bacterias.

Inmunización: volver a alguien inmune a una enfermedad, a menudo a través de una vacuna.

Inoculación: introducir en el cuerpo una sustancia potencialmente dañina para provocar la inmunización.

Insulina: sustancia producida por el cuerpo para ayudar a controlar los niveles de glucosa en la sangre.

Levadura: hongo microscópico que se usa en la fabricación de pan y cerveza.

Linfocito: glóbulo blanco que fabrica anticuerpos.

Microbio: organismo microscópico, con frecuencia unicelular, pero que puede ser multicelular.

Microbioma: comunidad de microbios que viven sobre y dentro de otro organismo.

Mohos: hongos microscópicos que crecen en forma de hilos muy largos.

Mutación: cambio en las instrucciones del ADN o el ARN.

Organismo: algo vivo.

Pasteurización: cuando se calienta un alimento para matar los microbios que contiene.

Prebióticos: alimentos que los humanos no son capaces de digerir, pero que los microbios del intestino pueden aprovechar.

Probióticos: alimentos que contienen microbios vivos y muy útiles.

Protista: grupo de microbios que se encuentran en el suelo y el agua.

Protozoarios: protistas que son como animales chiquititos.

Pus: líquido que contiene glóbulos blancos muertos y bacterias.

Resistencia a los antibióticos: cuando un microbio deja de ser vulnerable a uno o más antibióticos.

Rumiante: animal que devuelve el alimento desde su estómago para masticarlo de nuevo.

Superbacterias: bacterias resistentes a muchos antibióticos.

Toxina: sustancia que puede ser dañina si se introduce en el cuerpo.

Vacuna: sustancia que vuelve al cuerpo inmune a una enfermedad.

Virus: microbio que infecta células vivas y se reproduce dentro de ellas.

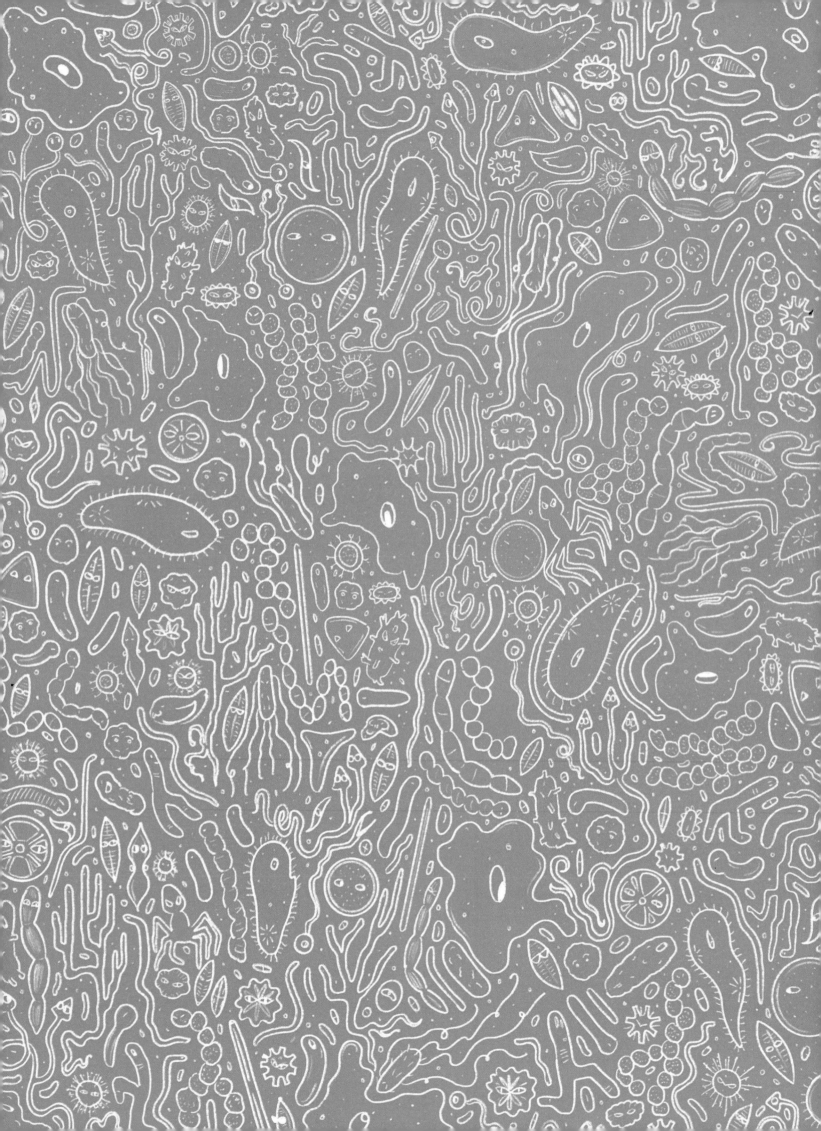